大家小书

舆地勾稽六十年

谭其骧 著

北京出版集团公司
北京出版社

图书在版编目（CIP）数据

舆地勾稽六十年 / 谭其骧著．— 北京 ：北京出版社，2019.5（2024.8重印）
（大家小书）
ISBN 978-7-200-14742-1

Ⅰ．①舆… Ⅱ．①谭… Ⅲ．①历史地理—中国—文集 Ⅳ．① K928.6-53

中国版本图书馆 CIP 数据核字（2019）第 037624 号

·大家小书·
舆地勾稽六十年
YUDI GOUJI LIUSHI NIAN
谭其骧　著

出　　版　北京出版集团公司
　　　　　北京出版社
地　　址　北京北三环中路 6 号
邮　　编　100120
网　　址　www.bph.com.cn
总 发 行　北京出版集团公司
印　　刷　北京华联印刷有限公司
经　　销　新华书店
开　　本　880 毫米 ×1230 毫米　1/32
印　　张　7.375
字　　数　111 千字
版　　次　2019 年 5 月第 1 版
印　　次　2024 年 8 月第 3 次印刷
书　　号　ISBN 978-7-200-14742-1
定　　价　56.00 元

如有印装质量问题，由本社负责调换
质量监督电话　010-58572393

总　　序

袁行霈

“大家小书”，是一个很俏皮的名称。此所谓“大家”，包括两方面的含义：一、书的作者是大家；二、书是写给大家看的，是大家的读物。所谓“小书”者，只是就其篇幅而言，篇幅显得小一些罢了。若论学术性则不但不轻，有些倒是相当重。其实，篇幅大小也是相对的，一部书十万字，在今天的印刷条件下，似乎算小书，若在老子、孔子的时代，又何尝就小呢?

编辑这套丛书，有一个用意就是节省读者的时间，让读者在较短的时间内获得较多的知识。在信息爆炸的时代，人们要学的东西太多了。补习，遂成为经常的需要。如果不善于补习，东抓一把，西抓一把，今天补这，明天补那，效果未必很好。如果把读书当成吃补药，还会失去读书时应有的那份从容和快乐。这套丛书每本的篇幅都小，读者即使细细地阅读慢慢地体味，也花不了多少时间，可以充分享受读书的乐趣。如果把它们当成补药来吃也行，剂量小，吃起来方便，消化起来也容易。

我们还有一个用意，就是想做一点文化积累的工作。把那些经过时间考验的、读者认同的著作，搜集到一起印刷出版，使之不至于泯没。有些书曾经畅销一时，但现在已经不容易得到；有些书当时或许没有引起很多人注意，但时间证明它们价值不菲。这两类书都需要挖掘出来，让它们重现光芒。科技类的图书偏重实用，一过时就不会有太多读者了，除了研究科技史的人还要用到之外。人文科学则不然，有许多书是常读常新的。然而，这套丛书也不都是旧书的重版，我们也想请一些著名的学者新写一些学术性和普及性兼备的小书，以满足读者日益增长的需求。

“大家小书”的开本不大，读者可以揣进衣兜里，随时随地掏出来读上几页。在路边等人的时候，在排队买戏票的时候，在车上、在公园里，都可以读。这样的读者多了，会为社会增添一些文化的色彩和学习的气氛，岂不是一件好事吗?

“大家小书”出版在即，出版社同志命我撰序说明原委。既然这套丛书标示书之小，序言当然也应以短小为宜。该说的都说了，就此搁笔吧。

时间和空间之间的求索

葛剑雄

经常有人问我："你们究竟是研究历史，还是地理？"还有的人在得知我的专业是历史地理时，也会说："你们真不简单，既研究历史，又研究地理。"于是我不得不以最简单的话来解释，什么是历史地理，说明历史地理本身就是一门学科，并不等于历史加上地理。

可是当有人问起我的老师谭其骧先生究竟是研究历史，还是地理；到底是自然科学家，还是社会科学家时，就不是那么容易说清楚了。

要说他是历史学家，是社会科学家，当然是——他1930年毕业于暨南大学社会历史学系，主修历史；1932年在燕京大学完成研究生学业，导师是史学大师顾颉刚。从1934年起他先后在燕京、北京、浙江、复旦等大学教中国史，还长期担任复旦大学历史系主任。1943年他在重庆参加了中国史学会的成立大会，1950年后历任中国史学会理事、常务理事，上海市历史学会副会长、代会长。他发表过上百篇论文，不少已成为中国史研究的经典之作。《中国大百科全书·中国历史卷》出版时，他是列入条目的为数不多的在世历史学家之一。

要说他是地理学家，是自然科学家，当然也是——他于1934年与导师顾颉刚一起发起成立了我国第一个以研究历史地理为宗旨的学术团体禹贡学会，出版了《禹贡》半月刊。他1932年在辅仁大学教的第一门课就是中国地理沿革史，这门课以后发展成中国历史地理学，他一直教到晚年；1937年起他还教过中国地理。1959年他在复旦大学创办了中国历史地理研究室，1982年建成中国历史地理研究所，他是首任所长。他从20世纪30年代起就是中国地理学会的成员，长期担任理事、历史地理专业委员会副主任。他不仅发表了大量历史地理论文，还以数十年精力编绘中国历史地图，是《中国历史地图集》和即将问世的《中华人民共和国国家历史地图集》的主编。他同样是列入《中国大百科全书·地理学卷》的健在的地理学家之一，1980年当选为中国科学院地学部委员（院士）。

正因为如此，谭先生生前曾戏称自己为“两栖动物”。这似乎是由于这门学科的特殊性所决定的——历史地理学的研究对象是历史时期的地理，而地理本身就包含着自然和人文两大方面，涉及自然环境和人类社会，或者说跨文理两科。但更确切地说，他自觉地选择了这样的学术使命——在时间、空间、人类这三维结构中探索真理。

他的“两栖”多少有些家族渊源。谭氏堪称浙江嘉兴明清以来的望族，自属书香门第，但到清道光年间，就已“弃儒服贾”，同治年间即因经商而成巨富。他的祖父是举人，父亲是秀才，但清末废科举后父子俩立即游学东瀛。他的父亲在日本学的是铁道专业，回国后曾任沈阳皇姑屯车站站长，同时又善诗词，参加南社。所以他在青少年时代已有了“两栖”的倾向：有旧学根底，却一度醉心于新文学，发表过小说；学过英语专业，但又转而学历史；对地理情有独钟，兄弟间常以背诵地名并记忆方位比高低。

不过使他最终选择了历史地理这门“两栖”的专业却不是偶然的，至少有多方面的原因。

1928年在暨南大学听了潘光旦先生的“社会学基础”和“种族问题”两门课后，他对社会、民族、优生等学问很感兴趣。在潘先生的指导下，他的毕业论文就以《中国移民史要》为题，以后写过多篇移民、民族、社会、文化方面的论文，还曾在清华大学社会系任教。

1931年，他在燕京大学研究院选修导师顾颉刚先生的“《尚书》研究”课时，发现顾先生用为证据的“十三部”并不是西汉的制度，而是东汉的状况。在顾先生的鼓励和引导下，师生间用通信方式展开了一场学术争论。最后，顾先生不仅基本接受了他的意见，还将这些往返的信件印发给听课的同学，作为讲义的附录。这无疑坚定了他研究沿革地理（中国历史地理的前身）的信念。

在日本帝国主义步步紧逼，国难当头的危急形势下，他与同人意识到历史地理的研究具有更强的现实意义，这可见于由他起草、顾颉刚改定的《禹贡》半月刊《发刊词》：“这数十年中，我们受帝国主义的压迫真受够了，因此，民族意识激发得非常高。在这种意识之下，大家希望有一部《中国通史》出来，好看看我们民族的成分究竟怎样，到底有哪些地方是应当归我们的。但这件工作的困难实在远出于一般人的想象。民族与地理是不可分割的两件事。我们的地理学既不发达，民族史的研究又怎样可以取得根据呢？不必说别的，试看我们的东邻蓄意侵略我们，造了‘本部’一名来称呼我们的十八省，暗示我们边陲之地不是原有的；我们这群傻子居然承受了他们的麻醉，任何地理教科书上都这样地叫起来了。这不是我们的耻辱？”

而使他理性地确定自己的研究方向的基础，还是对时间与空间关系的认识：“历史是最艰难的学问，各种科学的知识它全部需要。因为历史是记载人类社会过去的活动的，而人类社会的活动无一不在大地之上，所以尤其密切的是地理。历史好比演剧，地理就是舞台，如果找不到舞台，哪里看到戏剧！”（同上）

此后的半个多世纪间，他就在上下几千年、纵横几万里间探求人类社会与自然环境的奥秘。用他自己的话说，就是“锲而不舍，终身以之”。在他痼疾缠身的晚年，甚至到了明知不可为而为之的地步。

刚从燕京大学研究院历史系毕业时，他的老师邓之诚先生送给他一副对联，上联是“释地正堪师两顾”。“两顾”就是顾炎武与顾祖禹，都是明末清初的大学问家。顾炎武的研究领域很广，但《天下郡国利病书》《肇域志》等著作和他对山川形胜的关注使他无可争议地跻身于古代地理学家之列。顾祖禹则是专门的地理学家，他的《读史方舆纪要》是沿革地理的集大成之作。两顾的治学途径却大相径庭，顾炎武行万里路，顾祖禹足迹不出吴会；顾炎武的著作中常有实地考察的纪录，顾祖禹完全根据文献记载；但他们的成就举世公认，在地理方面难分伯仲。

谭先生没有辜负邓老师的期望，不仅“师两顾”，而且取得了无愧于两顾的成就，一部《中国历史地图集》足以与两顾的著作一样传之不朽，而他对创建中国历史地理学的贡献更是青出于蓝而胜于蓝。他的治学途径确是兼师两顾，注重文献考证，也重视实地考察。但他的一生都缺乏让他遍览神州河山的机会，使他抱憾终生——年轻时在北平忙于奠定学术基础和兼职兼课，抗战期间僻处贵州，胜利后迫于生计，20世纪50年代起全力以赴编绘《中国历史地图集》，“文革”期间遭受迫害，等到浩劫过去、编图也告一段落，一场大病将他推到死亡边缘，从此不良于行。尽管如此，他还利用种种机会做实地考察，“文革”后期随国家文物局局长王冶秋视察新疆和甘肃，70年代考察东太湖、湖北、湖南、江西、河南、河北、江苏等地。就是在他中风后的晚年，我也曾随侍他上长白山，观都江堰，登西山龙门，考察中越边界。要不是1988年夏间再次发病，他本来会在黑龙江畔留下足迹。

谭先生最重大的贡献自然在于他超越了两顾，将沿革地理或地理沿革史这门传统的学问发展成为现代地理学的一个分支——历史地理学。

中国虽然早就有了“地理”这个名称，但它并不是一门独立的学科，而只是史学的分支，只是学习或研究历史的辅助手段，所以在《四库全书》中“地理类”属于史部。如果我们浏览一下地理类的书目，就不难看出，当时地理研究的范围只限于疆域、政区、水道、地名的变迁，比现代地理学的研究范围要小得多。研究的深度也不能与今天相比，一般局限于景观和现象的描述。这种局面的改变一方面得益于西方现代地理学的传入，另一方面正是包括谭先生在内的老一辈学者将现代学科理论与中国的传统结合，筚路蓝缕，长期开拓的结果。

历史地理学是地理学的一个分支，但它所研究的是历史时期的地理现象，只能以历史文献为主要依据，借助历史学的研究手段。这种将古老的文字放在现代科学的体系中，并用现代科学原理加以解释，以复原空间和时间的真相的过程，使被乾嘉学者推向极致的考据学大有用武之地，但能否自觉地进入现代科学体系，掌握现代科学原理就成了不可或缺的前提。尽管谭先生没有接受过系统的现代科学训练，但孜孜不倦地吸取现代科学的精华使他获得了不断攀上新高的阶梯。

发表于1962年的《何以黄河在东汉以后会出现长期安流的局面》一文是谭先生的得意之作，他“自以为这才是一篇够得上称为历史地理学的研究论文”（见《〈长水集〉自序》），因而足以反映他的探索过程。

讲历史地理课不能不讲黄河的变迁，照例要将黄河的变迁分为几个阶段，现有的史料明白无误地说明，不同阶段的情况是完全不同的，有时黄河决溢频繁，不断改道，有时却长期平安无事。原因何在呢？以往人们往往将黄河灾害的轻重与社会的治乱联系起来，但事实并非如此，乱世黄河未必多灾，治世倒反而会多决多徙。另一种解释是将黄河的灾害程度归结于水利工程的成败，如东汉后黄河出现过长达八百年的安流，于是人们很自然地把这看成是王景治河的结果。但这样的解释也不合情理。元、明、清期间出现贾鲁、潘季驯、靳辅等不少治河专家，治理的范围和工程量远远超过王景那一次，技术水平也不会比一二千年前的差，为什么就收不到那样的效果呢？还有的人认为东汉后的八百年间黄河并非没有决溢改道，只是因为战乱期间没有记载。这种说法显然更站不住脚，因为那么长的年代间并非始终处于战乱状态，保存至今的史料并不少。

在谭先生之前，一大批黄河史专家早已穷尽了全部史料，但面对不同的解释谁也说服不了谁。从20世纪50年代开始，谭先生自己也越来越不相信原来的解释，却苦于找不到解决难题的途径。显然，面对这一难题，传统的历史学和沿革地理的考证方法已经力不从心了。

但黄河中下游沿河水文站数十年来积累了大量资料，现代地理研究的成果也完全可以揭示黄河中下游水灾的成因。黄河中下游的降水量集中在夏秋之际特别是夏季，河水挟带大量泥沙，是黄河善淤善决的根本原因。水文实测资料证明，决溢改道虽然发生在下游，但洪水和泥沙主要来自中游。下游发生洪水时的流量来自上游的不超过10%，90%以上都来自中游。中游夏秋之际的暴雨经常能使本段河床产生1万立方米/秒以上的洪水。在流经陕县的巨量泥沙中，来自内蒙古河口镇以上的只占11%，距河口镇上游不远处的包头市，每立方米的多年平均含沙量只有6千克，但到禹门口已骤增至28千克，至河南陕县增加至34千克，可见泥沙的主要来源是黄河中游的内蒙古大黑河、沧头河流域，晋西北、陕北东北部、内蒙古伊盟东南部的山陕峡谷流域，山西的汾水、涑水流域，陕甘二省的渭水、泾水北洛河流域和河南弘农河一角。因此，中游这一范围内的水土流失量就决定了下游灾害的严重程度。

如果这一地区的水土流失一直是严重的，下游的灾害当然不会减轻，但事实并非如此。这一带绝大部分面积覆盖着疏松的黄土，植被一经破坏，水土流失就会加剧。而历史时期的植被情况如何，就取决于生活在该地区的人的生产活动，即土地利用的方式。一般来说，畜牧比农耕有利于保护植被，因为人们可以利用天然草原放牧，只要不过度，草原即可持久保持，而要进行农耕，就非得先把原始森林和草原予以砍伐清除不可。

至此，问题的关键已经明确。谭先生接着要做的，就是弄清楚该地区各历史时期的人口分布和这些人口的生产方式，以确定当时的植被保存状况及相应的水土流失程度。他发现，秦汉时期大批内地移民迁入这一地区，大片荒地被开垦为农田，原始植被受到巨大破坏。而从东汉开始，汉族人口既遭受战乱损失，又大量内迁，而畜牧为主的少数民族却不断迁入，使这一地区变农为牧，这种状况一直持续到唐朝初年。但从唐朝后期开始，耕地面积急剧扩大，水土流失日益严重，粮食产量却不断降低，形成了“越垦越穷，越穷越垦”的恶性循环。结论是令人信服的，因为这一演变过程正好与黄河下游灾害程度的变化一致，恰当地解释了东汉以后黄河下游长期安流的原因。

这项成果的现实意义是不言而喻的，因为历史事实雄辩地证明了，黄河中游的水土保持是消除下游水灾的根本性措施，所以谭先生当时就提出了在黄河中游地区“改进农业生产，并从单纯的农业经济逐步向农、林、牧综合经营发展。短期内虽然还不能不以农为主，远景规划则以达到土地充分合理利用，水土流失基本消灭为目标”。要是他的建议从1962年开始就得到重视，国家能避免多大的损失？要是他的建议当时就被采纳，黄河中游的水土流失绝不会像今天这样严重，下游的防灾形势也不会像今天这样严峻。

类似的例子还可以找到他对西汉以前黄河下游河道的复原，对云梦和云梦泽、洞庭湖、鄱阳湖变迁的研究。在这些研究中，他充分利用了水文、地貌、地质、遥感、考古等方面的成果，但他的主要依据还是历史文献。他的结论大多已被通过其他手段获得的结果所证实，例如他认为历史上并不存在一个跨大江南北的云梦大泽，与地质科学家通过实地考察和钻探资料得出的结论不谋而合。又如他指出鄱阳湖在两千年前曾是一片大平原，也已由当地考古、地质学者所证实。

尽管这些例子只是他多方面成就的一部分，却已足以显示历史地理学的魅力，显示他这位“两栖”科学家的优势。

不过，要将他的成果用随笔或散文的形式整理出来，对我来说实在是个难题，因为这些大多是正规的长篇论文，早期的论文还是以文言写的。当然也有一小部分是现成的——谭先生生前确实写过几篇声情并茂、流畅隽永的散文。要是他当初继续从事文学，近现代文学史上或许能多一位作家。

为了尽量符合这套丛书的宗旨，也为了使更多的读者，特别是青年读者了解谭先生和他的研究，我只能放弃了他的一部分论文，同时对选入的文章做了一些必要的摘录和调整，另拟了一些篇名或标题，个别地方做了简要的注解。然后大致按内容分为几组，同一组内则兼顾时间和内容排列。

作为一位“两栖”的科学家，谭先生的一部分成果当然属于社会科学，所以这本集子也是“两栖”的。社会科学和自然科学都是他的“业”，没有一方面属于“余”。

古代的学者大多是百科全书式的，天文地理、文史哲经，无不涉猎，中国如此，外国也是如此。随着研究领域的扩大和深入，学科门类越来越多，越分越细，再杰出的天才科学家也不可能无所不知，无所不能，只能侧重于某一专门或某一方面。这本来是科学研究的进步，但也不可避免地带来了分科过细的缺点，以至科学家之间越来越缺乏共同语言。至于自然科学家和社会科学家人文素质的普遍下降，这本来是可以避免的。出现这样的趋势，我们应该从社会和自身寻找原因，不能归咎于科学的发展。

科学发展到今天，已经在提醒人们综合和通达的重要性，一些新的学科就是在其他学科的边缘和交叉中产生的。从这一意义上说，“两栖”或“多栖”是必然的选择，谭先生不会是一个孤立的例子。

由此我也想到了历史和地理这两门学科无比广宽的前景——无论是人类社会，还是自然界，都离不开时间这个坐标，万物都有各自的过去，并且随时在产生新的过去，历史学有永远做不完的课题。同样，无论是人类社会，还是自然界，都离不开空间这个坐标，万物都有各自的空间位置，并且都在不断改变，地理学也有永远做不完的课题。而能将时间和空间联系起来认识和研究的，只有处于其中的人。

只有人，才能在时间和空间之间进行永恒的探索。

他们中曾经有我的老师谭其骧先生。

1999年7月15日

目 录

壹

贰

叁

壹

历史上的中国[①]

《中国历史地图集》的编绘工作开始于1955年春。开始只要求把杨守敬的《历代舆地图》予以“重编改绘”，范围准备仍杨图之旧，那时还没有接触到历史上中国的范围这个问题。杨图各时代都只画中原王朝的直辖版图，除前汉一册附有一幅西域图外，其余各册连王朝的羁縻地区都不画，更不要说与中原王朝同时并立的各边区民族政权的疆域了。所以杨守敬所谓《历代舆地图》，起春秋讫明代，基本上都只画清代所谓内地十八省范围以内的建制，不包括新疆、青、藏、吉、黑、内蒙古等边区。编绘工作开始没多久，我们就感觉到以杨图范围为我们的范围的这种想法是不行的。新中国的历史学者，不能

① 摘自《历史上的中国和中国历代疆域》，原载《中国边疆史地研究导报》1988年第3期。原注：这是作者在1981年5月下旬召开的“中国民族关系史研究学术座谈会”上的讲话，发表时本人做了一些修改。

再学杨守敬的样儿仅仅以中原王朝的版图作为历史上中国的范围。我们伟大的祖国是各族人民包括边区各族所共同缔造的，不能把历史上的中国同中原王朝等同起来。我们需要画出全中国即整个中国历史的地图来，不应只画秦、汉、隋、唐、宋、元、明等中原王朝。随后我们就做出决定，图名改为《中国历史地图集》。范围要包括各个历史时期的全中国。怎样确定各个时期的全中国范围，从此便成为我们不得不反复慎重考虑的一个首要问题。

我们是如何处理历史上的中国这个问题呢？我们是拿清朝完成统一以后，帝国主义侵入中国以前的清朝版图，具体说，就是从18世纪50年代到19世纪40年代鸦片战争以前的这个时期的中国版图作为我们历史时期的中国的范围。所谓历史时期的中国，就以此为范围。不管是几百年也好，几千年也好，在这个范围之内活动的民族，我们都认为是中国史上的民族，在这个范围之内所建立的政权，我们都认为是中国史上的政权。简单的回答就是这样。超出了这个范围，那就不是中国的民族了，也不是中国的政权了。

为什么做出这样的决定？我们的理由是这样：

首先，我们是现代的中国人，我们不能拿古人心目中的“中国”作为中国的范围。我们知道，唐朝人心目中的中国，宋朝人心目中的中国，是不是这个范围？不是的。这是很清楚的。但是我们不是唐朝人，不是宋朝人，我们不以唐朝人心目中的中国为中国，不以宋朝人心目中的中国为中国，所以我们要拿这个范围作为中国。

这还要从“中国”两个字的意义讲起。“中国”这两个字的含义，本来不是固定不变的，是随着时代的变化而变化的，随着时代的发展而发展的。且不提《诗经》等古籍中的“中国”是什么意思，简单说起来，拿“中国”两个字表示我们的国家的主权所达到的范围，这个观念是鸦片战争之后才形成的。在这以前的“中国”二字，在各种场合有各种方式样子的用法。远的我们不讲，鸦片战争以后的初期，这个观念还没有完全固定下来。举一个例子，魏源写《圣武纪》所用的“中国”，有时候是符合现在的要领的，譬如他讲到蒙古，把蒙古算中国，俄国算外国；讲到西藏，把西藏算中国，印度算外国。但有的时候，他还采用一种老观念，把十八省同新疆、西藏、蒙古对立起来，只把十八省算中国。有的明清著作中，甚而至于因为作者本人跑到西南的贵州、广西少数民族地区，他做笔记就把贵州、广西这一带的少数民族地区不看作中国，把黄河流域、长江流域的内地看作中国。“中国”两个字，按照现在的用法，形成是很晚的。鸦片战争以后的初期还没有完全形成，基本上到晚清时候才形成。讲到“中国”就是表示我们国家的主权所达到的范围，这是鸦片战争后经过了几十年才逐渐形成的。

我们再回头来讲，我们是现代人，我们不能以古人的“中国”为中国。这不是就我们马列主义才这样的，而是自古以来就是这样的，后一时期就不能拿前一个时期的“中国”为中国。举几个例子：春秋时候，黄河中下游的周王朝、晋、郑、齐、鲁、宋、卫等，这些国家他们自认为是中国，他们把秦、楚、吴、越看成夷狄，不是中国。这就是春秋时期的所谓“中国”。但是这个概念到秦汉时候就推翻了，秦汉时候人所谓“中国”，就不再是这样，他们是把秦楚之地也看作中国的一部分。这就是后一个时期推翻了前一个时期的看法。到了晋室南渡，东晋人把十六国看作夷狄，看成外国。到了南北朝，南朝把北朝骂成索虏，北朝把南朝骂成岛夷，双方都以中国自居。这都是事实，但唐朝人已经不是这样了。唐朝人把他们看成南北朝，李延寿修南北史，一视同仁，双方都是中国的一部分。同样，在宋朝也把辽、金、夏都看成外国，看成夷狄。但是元朝人已经不这样了，已经把辽、金、夏跟宋朝一样看成“中国”。元朝人已经不用宋朝的看法了，难道我们还要做宋朝人？所以我们说现代人不能以古人的“中国”为中国。后一代的人把前一代的人的概念否定，不采用前一代人的概念，这是由来已久，自古而然的，没有什么奇怪。我们现在当然不应该再以东晋人自居，再以宋代人自居。总而言之，我们是现代人，不能以古人的“中国”为中国。

第二个问题。我们既不能以古人的“中国”为历史上的中国，也不能拿今天的中国范围来限定我们历史上的中国范围。我们应该采用整个历史时期，整个几千年来历史发展所自然形成的中国为历史上的中国。我们认为18世纪中叶以后，1840年以前的中国范围是我们几千年来历史发展所自然形成的中国，这就是我们历史上的中国。至于现在的中国疆域，已经不是历史上自然形成的那个范围了，而是这一百多年来资本主义列强、帝国主义侵略宰割了我们的部分领土的结果，所以不能代表我们历史上的中国的疆域了。为什么说清朝的版图是历史发展自然形成的呢？而不是说清帝国扩张侵略的结果？因为历史事实的确是这样，清朝的版图的确是历史发展自然形成的。我们跟沙俄不同，沙俄在16世纪以前，和乌拉尔山以东的西伯利亚、中亚细亚没有什么关系，16世纪以后向东侵略、扩张，才形成现在这么大的版图。但是清朝以前，我们中原地区跟各个边疆地区关系长期以来就很密切了，不但经济、文化方面很密切，并且在政治上曾经几度和中原地区在一个政权统治之下。

东北地区在唐朝时候已经建立了若干羁縻都督府、羁縻州。到辽、金时期版图已东至日本海，北至外兴安岭，经过元朝直到明朝的奴尔干都司，都是如此。北方也是如此，蒙古高原上的匈奴再热闹，最后匈奴还是投降了汉朝，甚而至于到东汉初年还入居汉王朝的版图之内。唐朝，从唐太宗灭了突厥颉利可汗、灭了薛延陀、灭了车鼻可汗之后，一度统治整个蒙古高原，远达西伯利亚南部，几十年之后突厥才复国。元朝的时候，蒙古高原是元朝的岭北行省。在西北方面也是如此，西汉设西域都护府，唐设安西、北庭都护府，元曾经置阿力麻里、别失八里行中书省、宣慰司等。虽然一般都不是连续的，但断断续续好几次，都跟中原地区在政治上属于一个政权。至于经济、文化关系，那就更紧密。这个长期的经济、文化、政治的关系，逐渐发展下来，越来越密切。我们很赞成前几天翁独健同志讲的一段话：我们历史上中原王朝跟边疆少数民族的关系到底是什么关系？主流是什么？是和平共处？还是打仗？我们看不必去深究它，确实有的时期是很好的，和平共处，有的时期是打仗，有的时期打仗还打得很凶。但是，总的关系是越来越密切。我看这点是谁也不能否定的。随着历史的发展，边区各族和中原汉族之间的关系越来越密切了，形成了一种相互依存的关系，光是经济文化的交流关系不够了，光是每一个边区和中原的合并也不够了，到了17世纪、18世纪，历史的发展使中国需要形成一个统一的政权，把中原地区和各个边区统一在一个政权之下。而清朝正是顺应了历史发展的趋势，完成了这个统一任务。17世纪、18世纪清朝之所以能够在这么大的范围之内完成统一，这绝不是单纯地由于那时的清朝在军事上很强，在军事上取得一系列的胜利所能够做到的。单纯的、一时的军事上的胜利和军事征服要是没有社会、经济基础来维持的话，统一是不能持久的。但是清朝在完成统一之后，巩固下来了，稳定下来了，到了19世纪中叶以后遭遇帝国主义从东南西北各方面入侵，给他们侵占了一部分土地去了，但基本上还是维持下来了，这是为什么？主要的原因是中原需要边区，边区更需要中原，需要统一在一个政权之下，这对中原人民有利，对边区人民更有利。我们知道，清朝的统一，实际上是先统一了满族的地区，即广义的满洲；再统一汉族的地区，即明王朝的故土；再统一蒙古族地区和蒙古族所统治的维藏等地区。主要是满、蒙古、汉三区的统一。汉族地区指原来的明朝的地方，除汉族外也包括许多南方的少数民族，蒙古族地区在内外蒙古以外，还包括青海、西藏以及南疆的维吾尔地区。这些地区本来都在厄鲁特蒙古统治之下，都在准噶尔统治之下。当时的准噶尔疆域，不仅是天山北路的准噶尔本部，还包括南路的维吾尔地区，青海、西藏、套西厄鲁特，都是在准噶尔统治之下。噶尔丹还进一步侵占了喀尔喀蒙古，即外蒙古。只有内蒙古在清朝入关之前早已纳入清朝版图。后来准噶尔又进一步要从外蒙古入侵内蒙古，这就爆发了清朝和准噶尔之间的战争。双方经过康熙、雍正、乾隆七十年的斗争，清朝终于取得了胜利。清朝不仅把准噶尔本部收入版图，也把原来的准噶尔统治之下的青海、西藏、“回疆”，即天山南路，也纳入了版图。所以清朝统一基本上就是统一满、汉、蒙古三区。蒙古区实际上包括维吾尔地区及藏区。这三区统一完成之时是在乾隆中叶，即18世纪50年代，而由满、蒙古、汉三族人民组成这个王朝，实际上还远远在清朝入关以前。1636年皇太极即皇帝位，把国号大金改为大清，臣下所进呈的劝进表就是由满、蒙古、汉三种文字写成的，充分表明这个王朝是由满、蒙古、汉三种人组成的。据我来看，这是顺应历史潮流的。因为到了16世纪、17世纪时，汉、满、蒙古等中国各民族已经迫切需要统一。这一点，我们从明朝与女真部族即后来的后金打的交道，明朝跟蒙古打的交道可以看得很清楚。那个时候中原的明朝和东北的满洲、北方的蒙古，时而打仗，兵戎相见，时而通过和谈规定明朝岁赠女真、蒙古多少物资，并进行互市。打也好，和也好，目的无非是女真人要拿人参、貂皮来换中原地区的缎布、粮食和农具，蒙古人要拿他们的马来换中原布帛、粟豆和茶叶。岁赠互市不能满足他们的需要时，就打进来掠夺。一边进行掠夺，一边要挟举行新的和议，增加岁赠。这说明边区发展到16世纪、17世纪迫切需要中原地区的农产品和手工业品。当然，中原地区也需要边区的人参、貂皮、马匹等。但是比较起来说，边区更需要中原的物资。所以说，通过互市，通过战争，最后需要统一。因为统一之后，只要中原能用布匹、粮食等物资满足边区的需要，就可以相安无事，统一就可以巩固下来。所以我说清朝之所以能造成大统一的局面并且巩固下来，就顺应了历史的潮流，是历史的发展自然形成的。有人说，清朝这样大的版图完全是向外扩张的结果，这是不符合历史事实的。清朝对于蒙古用兵不能算是穷兵黩武，就像汉武帝对匈奴用兵不能算穷兵黩武一样。汉武帝对付朝鲜、东越、南越，可以责备他是侵略，对付匈奴就不能算是侵略。他不对付匈奴，匈奴要打进来。唐太宗对付突厥，也不能算穷兵黩武。同样，清朝对付准噶尔也是不得不然。在那时候，准噶尔气势汹汹，占领了整个新疆、青海、西藏、外蒙古，矛头指向清帝国统治下的内蒙古，如果不把噶尔丹打败的话那还得了？那就可能再次出现边疆民族入主中原，即厄鲁特入主中原，再来一次改朝换代。要改朝换代可不是容易的。从当时情况看起来清朝还是比准噶尔进步点，让清朝统治中原地区比让准噶尔统治中原还是要有利一点吧。所以说清朝打败准噶尔，不能说它是穷兵黩武。这是你死我活的斗争。清朝把噶尔丹统治的地区一一收入版图，这是为了彻底打垮准噶尔而必须要采取的措施，不是存心要去征服这些地方。清朝那时并不是扩张主义者。我们知道，清朝打败准噶尔之后，阿富汗、浩罕、巴达克山等中亚的一些小国，曾经一度要加入清朝，但清朝拒绝了，仅仅把这些国家列为藩属。以当时清朝的兵势、兵威所加，要进一步向中亚扩展是完全有可能的，但清朝并没有这样做，可见清朝之所以有这样的版图，绝不能说它是扩张主义者，这是顺应历史潮流。所以说清朝在18世纪时形成的这个版图是中国历史发展的结果，拿这个版图来作为历史上中国的范围应该是恰当的。有人主张拿今天的国土作为历史上中国的范围，我们认为那是不恰当的、不应该的。要是那样的话，岂不等于承认沙俄通过《瑷珲条约》、《北京条约》割让的乌苏里江以东、黑龙江以北的地方，本来就不是我们的地方吗？事实上在清朝以前，乌苏里江以东、黑龙江以北已有几百年是在中原王朝直接统治之下的。再如大漠以北的蒙古高原，现在属于蒙古人民共和国。这个国家是不是历史自然发展形成的呢？不是。1911年、1921年两次蒙古独立，都是后面有第三者插手的，要是没有第三者插手的话，它不会脱离中国。历史发展的自然趋势是蒙古地区不论漠南漠北应该和中原地区联系在一起的。到了20世纪，到了1911年、1921年，由于第三者的插手，结果分裂出去了。这不是自然发展的结果，这是帝国主义宰割中国的结果。所以我们不能说历史上的中国史包括漠南内蒙古而不包括漠北的外蒙古，尽管我们现在是承认蒙古人民共和国的。历史上所有的北方民族，匈奴也好，鲜卑也好，柔然也好，突厥也好，回纥也好，全都是同时分布在漠南和漠北的。要是我们以今天的国界为依据处理历史上的民族，那该怎么办？同一个政权统治之下的一个民族，漠北的不算中国，漠南的才算中国，这就没法办了。但我们要是采用1840年以前的清朝版图为历史上中国范围就好办。出现在漠南漠北的蒙古以及历史上所有的民族，都是中国的民族。当然，我们讲中国史的时候应当把这些民族作为中国史上的民族，但我们也不反对蒙古人民共和国在写它的历史的时候把这些古代民族写成它的先民。

有一点要补充一下，就是1840年以前有些跨国界的政权或民族或部族怎么办？这个问题明显的事例就是高丽。我们现在是这样办的，我们认为以鸭绿江、图们江为界的中朝国界，这是历史自然形成发展的结果，没有什么帝国主义插手。历史上的高丽最早全在鸭绿江以北，有相当长一个时期是在鸭绿江、图们江南北的，后来又发展为全在鸭绿江以北。当它在鸭绿江以北的时候，我们是把它作为中国境内一个少数民族所建立的国家的。这就是始建于西汉末年，到东汉时强盛起来的高句丽，等于我们看待匈奴、突厥、南诏、大理、渤海一样。当它建都鸭绿江北岸今天的集安县境内，疆域跨有鸭绿江两岸时，我们把它的全境都作为当时中国的疆域处理。但是等到5世纪时它把首都搬到了平壤以后，就不能再把它看作中国境内的少数民族政权了，就得把它作为邻国处理。不仅它鸭绿江以南的领土，就是它的鸭绿江以北、辽水以东的领土，也得作为邻国的领土。

我们处理历史上的中国的标准就这一条，并没有第二条。

中国历史上行政区概述[①]

关于本文的题目，有五点需要声明一下：

1. “中国”只指旧籍中的“中国”，即专指汉、晋、隋、唐、宋、元、明、清等中原王朝，不包括边区政权如匈奴、鲜卑、突厥、回纥、吐蕃、南诏、大理、渤海等。

2. “历代”只指秦以后的，不讲秦以前的。

3. “政区”只讲县以上的，不讲县以下的。

4. “政区”不限于地方行政区划，兼及一些非行政区域而为后来行政区划渊源所自的中央或上级行政区的派遣机构辖境。

5. “政区”只限于历代通行于内地的，用以统治编户的普通政区，不包括设于边区的，或用以统治非编户的特殊政区如

① 摘自《文史知识》1987年第8期。

羁縻州、镇戍、卫所等。

一 二千多年来政区的演变

中国自秦始皇兼并六国，开始建成中央集权的一统国家直到今天，二千二百年来，县作为地方行政区划的基层单位始终未变，县以上则经历过极为频繁复杂的变革，概括起来，大致可分为如下几个阶段。

1. 秦汉时的郡县二级制　秦从初并天下时的三十六郡增加到末年的四十多个郡，分管大约千把个县。西汉自武帝以后和东汉一代，都是以一百零几个郡级单位（郡、国即王国，东汉又增加一种属国都尉），分管一千几百个县级单位（县、侯国、邑、道）。

汉武帝先后于公元前106年、公元前89年创建十三刺史部和司隶校尉部，由刺史和司隶校尉分部巡察郡国吏治。成哀之际（前8—前5年），曾提升刺史为州牧，使州成为郡国的上级，但两年半后即恢复旧制。哀帝死，王莽秉政，又改刺史为州牧，四十二年后东汉光武帝始复改州牧为刺史。但东汉刺史不同于西汉。西汉刺史平时“巡行所部郡国”“居无常治”，岁尽“还京师奏事”。有所举劾，得由政府另行派员案验，然后黜退。东汉刺史则常驻在其州郡内的固定治所，不再诣京奏事，且其权力亦不再限于举劾，并能对所部郡国官史径行黜免。到了灵帝末年，为了镇压黄巾起义，又改部分刺史为州牧。不久，州牧或刺史部掌握了兵权，州终于成为统辖几个郡国的大行政区。

2. 魏晋南北朝时的州、郡、县三级制　三国魏、蜀、吴三方共有十七州，西晋统一之初共有十九州，末年增至二十一州，领一百七十多郡。经东晋、十六国至南北朝前期，合计共有五六十州。南朝自齐梁后，北朝自太和后，州郡建置日益冗滥。往往以一县之地置郡置州，或郡无属县，州无属郡，甚至有些州郡徒有空名，既无土地，亦无户口。梁、东魏、西魏和陈、北齐、北周时期，三方合计共有三百多州、六百多郡。魏晋时平均一州领八九个郡，一郡领七八个县，三级制确有其级次相临的作用。只是平均一州才管二三个郡，一郡才管二三个县，一州所辖不过五六县，三级制已失去意义。故在北朝后期，已只有州刺史和县令到任，郡太守通常并不莅任。隋文帝代周后的第三年（583年），便正式裁撤了郡一级，改为以州统县二级制。

3. 隋、唐开元前的州、县二级制

4. 唐开元至五代的道、州、县三级制　隋唐五代凡三百八十年，除隋大业有十一年（607—618年）、唐天宝、至德时有十六年（742—758年）将州改称为郡外，地方行政区划都是以州统县。全国共有二三百个州、一千四五百个县。但实行单纯二级制的时间只有隋文帝和唐前期共约一百四十年。隋炀帝在改州为郡的同时，效法汉武帝置司隶别驾二人，分案二都畿内，刺史十四人，巡察畿外诸部，每年二月巡郡县，十月入奏。因隋祚于十一年后即覆灭，《隋书》记载太简，这种制度的具体情况已不可考。

唐于贞观元年（627年）将全国划分为十道，但这种道只是一种地理区划，并不是行政区划。有时虽也由朝廷派遣使者分道执行某种任务，但都是临时措施，事竣即罢。直到开元二十一年（733年），将十道分为十五道，才定制每道设一采访处置使，监察吏治，常设不撤。不久，采访处置使的权力逐渐有所扩大，有些道并由掌握兵权的节度使兼领其职，发展到安史之乱期间，全国遍设节度使、防御使等方镇，758年遂罢采访处置使，改置由方镇主帅兼任观察处置使；从此，军政上的一镇，便同时都是民政上管辖几个州的一道，确立了道（镇）、州（包括府）、县三级制。全国的道数经常有变动，一般在四五十个之间。每道领州少或二三，多达十余。这种三级制经历二百余年，至北宋初年，才由方镇兵权的被夺，中央集权的加强而被废止："罢天下节镇所领支郡"（方镇主帅自领一州，其余诸州称支郡），"令诸州皆直隶朝廷"。

5. 两宋（包括金）的路、州、县三级制　977年宋太宗废止方镇领州之制时，全国共有三百六七十个州级单位（府、州、军、监）、县（县、军、监）。若采用二级制，真的要朝廷直接统辖这么许多单位，那是难以办到的。因而不久又令原来专司督征运送地方财赋的各路转运使，兼理军民庶政，这样便形成了路、州（府、州、军、监）、县（县、军、监）三级制。北宋先后分全国为十五、十八、二十三、二十四路，南宋分境内为十六或十七路，金分境内为十七、十九、二十路。宋金的路并不等于魏晋南北朝的州或唐安史乱后的道。一路皆同时设置分掌财政、民政、司法、监察、军事、征榷等政的三个或三个以上的"监司"，并非一路诸政掌于一人之手。不同监司的路的划分亦不尽相同：如北宋陕西转运使司分永兴军、秦凤二路，而安抚使分永兴、鄜延、环庆、秦凤、泾原、熙河六路；金制辽东分上京、咸平、东京三总管府路，而转运司只为辽东一路，按察司只为上京东京一路。再者，州的政务还有许多是不在监司监领之下的，都可以直达朝廷。所以宋金三级制的实质可以说只有二级半。

6. 元以来以省领道、路、府、州、县的三级或多级制　这个时期长达七百多年，又可分为四期。

（1）元代始以前代的中央临时派遣机构行中书省定为常设的地方最高一级行政区划。初期区划极不稳定，中期稳定为除中书省直辖区（腹里）外，共设十一行中书省。省下有路、府、州、县四级。前代较大府、州多升为路，县升为州。四级或递相统辖，或超级统辖。州或不领县。所以这时候的地方政区统隶关系，二、三、四、五级都有，而以省统路或府，路府统州或县三级最为普遍。又往往分一省为二三大区，将距省会较远的区划为一道，设宣慰司作为行省的派出机构临治其地。另有设肃政廉访使的道，则为御史台的派出机构，司一道吏治监察。宣慰司道至元末多改为“分省”或进一步升为行省。

（2）明洪武九年（1376年）废除行省制，在原来一个省区内分设布政使司、按察使司、都指挥使司三司，分掌民政、司法监察、军务三政。这与宋代的路分设转运使、提点刑狱、安抚使三司极为相似，而权任有过之，仍然和此前的行省一样，是地方区划中的最高一级。原来的一省至是改称为布政使司，但习俗相沿，仍被称为省，连正式公文亦经常采用。洪武十三年（1380年）中央废除中书省，中书省的直辖区改称“直隶”。宣德二年（1427年）以后，全国共划分为两京（南北二直隶）十三布政使司，俗称两京十三省，或十五省。废除路一级，府州县的统隶关系也有多种方式，省县之间或隔一级，或隔二级。每省又分设若干分守道作为布政使司、分巡道作为按察使司的派出机构。

自宣德以后，或因边防有警，或因地方不靖，又陆续在全国各地派出备有中央政府一二品大员职衔的“总督”“巡抚”，集所督抚地区内的军务、察吏、治民大权于一身，遂成为最高级的封疆大吏。督抚的辖区往往不同于布政使司，并且经常变动。所以明代后期的一级地方行政区划，事实上已不是两京十三布政使司，而是三十个左右的总督、巡抚辖区。

（3）清初逐步将督、抚辖区调整成与布政使司取得一致，终于在康熙初年将十五省分为十八省，正式以督抚为一省之长。有些省置总督或巡抚，有些省兼置督、抚，则巡抚近于无权闲职。十八省全在明朝故土范围内，清代加入版图的边区的一部分至光绪时亦建省，末年共有二十二省。清代凡隶属于府的州不再领县，故省以下只有府（府、直隶州、直辖厅）、县（县、散州、散厅）二级。每省仍分设若干道。

（4）辛亥革命前后二三年内废除了府一级，州厅皆改为县，重划道区，于是地方行政成为省、道、县三级制。国民党统治初年废除了道一级，意图行省县二级制，但在20世纪30年代“剿共”时期，又在江西省首先分区设行政督察专员，未几，各省皆起而仿效。新中国成立后继承了这种区划，初称专区，旋改称地区。这种在实际行政上是介于省县之间一级，但在法制上不是一级地方政府。

二　演变的规律

综合考察一下二千年来的政区演变经过，可以发现如下三条规律。

1. 同一政区，通例都是越划越多，越划越小；到一定程度，它的级别就会降低。例如：州在两汉只有十三四个，魏晋时加到二十个左右，南北朝猛增到三百多个，隋初的废郡以州统县，等于是将州降为郡级，到元明清时又把一部分州降为县级。省在元代只有十一二个，明代加到十五个，清代加到十八、二十二，现在的省级政区（省、自治区、直辖市）是三十个。只有县最稳定，秦代千把个，汉以后长期都是一千几百个，约四十年前才突破二千大关，现在也不过二千一二百个（1985年年底是二千二百零四个，包括县级的其他单位市、旗、特区）。

越划越多越小的主要原因当然是由于各地区逐步得到开发，但也有其他政治上、军事上、经济上的种种原因，各时代各地区都得做具体分析。历代政府有时觉得政区太多不便于统治，曾几次大事省并，但往往不久被省并的又得到恢复。例如隋朝将初年三百多个州并为大业时的一百九十郡（州的改称），此后逐渐增置，唐宋两代长期徘徊于三百州左右。新中国在20世纪50年代曾并省了许多县，现在大多数已被恢复。

2. 秦和西汉初期疆域比较小，其时所采用的单纯二级政区制，自汉武帝扩展疆域以后，已不宜于继续采用。但多级制亦不利于政令民情的上下传达，所以二千年来最常用的是三级制。有时用实三级，有时用虚三级。这里所谓虚三级，是指第一级或第二级并不全面掌握地方权力，或一级权力分属于几个机构的三级制而言。粗略统计一下，汉武帝以后的两汉三百年是虚三级制，魏晋南北朝四百年是实三级，隋至唐初期一百四五十年是二级制，开元以后先是虚三级，二十多年后即转为实三级，历二百余年至宋初始改为二级。但不旋踵即转入虚三级，历三百年至元代始变为多级制。元明清六百多年显然都是多级制，大多数地区的实级一般都是省、府（路、州）、县三级。辛亥革命后七十多年北洋军阀、国民党、新中国三个阶段，分别采用了不同的虚三级制。

3. 历代最高一级行政区往往由吏治监察区或军务督理区转变而来，最高行政长官往往由派遣在外的中央官转变而来，显著的事例如下：

（1）两汉监察区“州”到东汉末年由于州牧刺史带了兵而转变为六朝的一级行政区。

（2）六朝的都督几个州军事之职到唐朝形成了以一个都督府管几个州的军事之制，都督又由于加节而改称节度使，权任日重，终于兼任采访使、观察使之职而使辖区成为州以上的一级行政区“道（镇）”。

（3）行省起源于六朝隋唐的行台尚书省。那时中央政府叫“省”，由中央大员率领部分政府成员外出执行国家任务，就叫行台尚书省或某处行台省。事已即罢。金末多事，外有强敌入侵，内有农民起义，因而各处普遍设立了行尚书省。蒙古在与金朝的接触中把这种制度学了过去，初时叫行尚书省，后来随着中央政权机构改为中书省，就又把行尚书省改称行中书省。原来也只是一种临时性的中央派出机构。但元初对中原用兵时间长达七八十年之久，军事不停，军管制即无法撤除，时间一久，到了平宋前后，行省便变成了中国史上辖境最大的一级行政区划。

（4）明初把地方上的政权交给了都、布、按三司；但由于三权分立，一旦边防或地方有事，难以应付，不久便陆续派出了带有中央部院大臣职衔的重臣到处去总督军务或巡抚地方。其初犹时设旋罢，已而就置而不废，成为定制。但明中叶以后督抚虽已在地方上掌握最高权力，名义上却始终算中央官（《会典》编入都察院），正式一级政区始终是两京十三布政使司。入清又经过二三十年的调整，才终于使督、抚成为正式的最高地方官，其辖区也就成为当时的一级行政区划——十八省。

政区的这些演变规律，一方面正好说明了中国自秦汉以来长期在中央集权制统治之下，所以中央的使者能以监督的名义侵夺地方官的权力，终于使中央使者成为最高地方长官，原来的地方长官降而成为他的下级或僚属。但另一方面，因为由这种方式形成的一级政区辖境，权力过大，所以一到乱世，这种政区的首长很容易成为破坏统一的割据者，犹如东汉末年的州牧刺史、唐安史乱后的节度使和民国的督军、省主席等。

安阳和中国的七大古都[①]

在中国几千年的历史上，曾经做过一统政权或较大的地区性政权的都城的城市很多。清初著名学者顾炎武著《历代宅京记》，其卷一、卷二总序引举自伏羲至元代历代首都陪都凡四十六处，卷三至二十列为专篇者凡关中、洛阳、成都、邺、建康、云中、晋阳、大名、开封、宋州、临安、临潢、幽州、辽阳、大定、会宁、开平十七处。这个名单一方面不限于首都，也包括了陪都；不单是信史时代，也包括了传说时代；另一方面则仅局限于三皇五帝、夏、商、周、秦、汉、三国、两晋、南北朝、隋、唐、五代、两宋、辽、金、元一系列正统王朝的都城，而于先秦列国、五胡十六国、五代时十国等中原分裂时代大小政权，自匈奴、鲜卑以来至后金、准噶尔等各边区

① 摘自《中国历史上的七大古都》，原载《长水集续编》，人民出版社1994年。

民族政权的都城，多付阙如；所以既没有包括清以前国史上全部古都，也未能提到这些古都的等差，哪几个称得上大古都。

到了20世纪20年代，学术界才有些论著将西安、洛阳、北京、南京、开封并列为“五大古都”；30年代，又将杭州加入，列为“六大古都”。此后六大古都即成为普遍流行的、大多数学者认可的提法，一直沿袭到80年代，如1988年中国青年出版社还出版了《中国六大古都》一书。

我为什么要加上一个邺，说成七大古都呢？这是因为邺（包括商代的殷）在历史上的重要性至少不下于杭州。尤其是在公元6世纪以前，它的地位是可以和长安、洛阳相颉颃的。我们讲历史不能只讲6世纪以后，所以不能不提它。通常之所以不提邺，除了因为它作为首都距今已有一千四百年之久外，还有一个原因是因为其他六大首都至今还是著名的大城市，唯有邺早已成了一片废墟。但既然是讲历史，就不应该由于今天已经不存在这个城市，就不提它在历史上曾经几度作为统治华北广大地区的首都。所以我认为讲中国历史上的首都，不能再沿袭通常所谓六大古都的说法，应该改提七大古都。

都城是一个政权的政治中心，所以每一个古都应否列为“大古都”之一，主要得看以此城为都的政权疆域有多大，历时有多久。以此为标准，衡量历代古都，则无疑此七大古都所统治的地域最广大，历史最悠久。这七个古都在历史上的重要性又有差别，西安、北京、洛阳曾经连续几个王朝长期作为统一政权的首都，应列第一等。南京、开封作为统一政权首都的时间较短，属于第二等。安阳、杭州则仅做过较大的地区性政权，属于第三等。当然前面两类城市也都或长或短做过大小地区政权的首都。

夏代和商人盘庚以前，都城经常迁移。文献记载中禹初都安邑（山西夏县），终夏一代曾迁都阳城（河南登封）、阳翟（河南禹县）、斟鄩（河南巩县）等八次。考古发现的河南登封王城岗、偃师二里头遗址，都有是夏都的可能。商族自契至汤八易其居，自成汤灭夏至盘庚，迁都五次。可见其时还没有一个长期稳定的都城。自盘庚迁殷以后至周武王伐纣灭商，殷作为商都凡二百七十三年（后期的约五十年帝乙、帝辛常居离宫朝歌，今河南淇县）。故周人称商为殷，这是中国历史上最早一个长期稳定的都城。商亡而殷夷为墟，后也称其遗址为殷墟，在今河南安阳市西北小屯村及其周围。

殷墟东北四十里有六朝时的邺都遗址，今属河北临漳县界。邺城相传建于公元前7世纪春秋齐桓公时，前5世纪战国初魏文侯曾在此建都。两汉时为魏郡治，东汉末移冀州来治。190年袁绍领冀州牧，不久又兼并了并、青、幽三州，邺城遂成为黄河流域大部分地区的统治中心。204年曹操破袁氏，继承了袁绍的旧业而进一步统一了黄河流域。曹操自领冀州牧，继而自署为丞相、封魏公、晋魏王。此后黄河流域名义上虽然还是汉朝，都城在许（河南许昌），实际上的政治中心则在丞相府、魏都所在的邺。“洛阳纸贵”的左思《三都赋》，即指蜀都成都、吴都建业和魏都邺。220年曹丕篡汉，次年都洛阳，邺才降为陪都之一。

十六国时从335年起至370年，北朝从534年起至577年，后赵、冉闵、前燕及东魏、北齐相继都邺，合计共七十八年。北周灭北齐，以邺为相州、魏郡治所。580年，相州总管尉迟迥起兵讨杨坚失败，坚焚毁邺城，徙其民人及相州、魏郡、邺县于南四十五里的安阳城，改置芝灵县于故址。590年复名邺县，至北宋时省入临漳。这个千年名都，为杨坚所毁，至此竟然连做一个县治的地位也维持不住了。邺的故址今已成为一片废墟，而城垣遗迹犹可辨认。有南北相连的二城：北城曹操因旧城增筑，东西七里，南北五里，北临漳水。后世漳水南移，故址遂隔在北岸。南城筑于东魏初年，东西六里，南北八里余，在今漳河南岸。

邺都被毁后三百四十余年，五代的唐、晋、汉三代又有所谓邺都，是当时的陪都之一。这个邺都已不是魏晋南北朝的旧邺都，而是今大名县东的唐魏州、宋大名府城。大名虽在古代邺城之东约百五十里，其所以被称为邺都，当是由于它实际上是代替了邺城成为河北平原南部的政治经济中心。

殷和邺都是安阳的前身，安阳继承殷和邺成为河北平原南部太行山东麓的都邑。所以追溯安阳的历史，应该肯定它是公元前14世纪至前6世纪中国史前期重要古都所在地之一。但殷都时的商朝、邺都时的曹魏、后赵、前燕、东魏、北齐的疆域都只局限于中原，所以安阳在七大古都中的地位应列在西安、北京、洛阳、南京、开封之后，居第六，列第三等。

接着便需要讨论两个问题：其一，为什么最早只提五大古都随后改提六大古都，现在我们又要提七大古都？其二，七大古都与其他古都的区别何在？试为解答如下。

（一）20世纪20年代之所以只提“五大古都”，是因为西安、洛阳、北京、南京、开封都曾经做过全国性的首都，而其他古都没有。30年代之所以要加上一个杭州成为“六大古都”，是因为注意了杭州尽管只做过半个中国的都城，其城市的繁荣昌盛程度，却不亚于甚或有过于全国性的五大古都，并且和五大古都一样，到今天还是一个大城市。但既然提了杭州作为大古都之一，那就不该不提安阳。安阳之所以30年代以来长期没人提起，一则当由于偶然的疏忽，再者则由于殷邺久已为废墟，近今的安阳又不是一个著名的大城市，一般人往往着眼于今天的大城市谈古都，就难怪数不上安阳了。而我们现在之要改提包括安阳在内的“七大古都”，这是因为谈古都首先应着重历史上的实际情况。不应以古都的后身今天的城市的大小为取舍的标准。在6世纪以前的二千年中，殷邺应该属于第一等古都。由于近一千四百年来没有再成为都城，所以在整个中国史里便只能列为第三等古都了。但它的重要性应仅次于五大古都，比只作为南宋偏安江淮以南的都城杭州应略高一等。

（二）尽管七大古都还可以分为三等，却有一个突出于其他古都的共同特点，那就是，它们都是经过选择才确定下来的统治边塞之内广大地域的都城。

七大古都之外，在顾炎武《历代宅京记》中列有专篇的晋阳（今山西太原）、大名、宋州（今河南商丘）、辽阳，都只做过陪都。成都只是几个割据巴蜀政权的都城。辽初都上京临潢府（今内蒙古巴林左旗波罗城），继迁中京大定府（今内蒙古宁城大明城），所统境域大部分皆在塞外，内地仅“燕云十六州”。元世祖建都开平府仅自1260年至1267年的八年。这些古都的重要性比之七大古都当然要差上一大截。唯有平城做了北魏前期都城自398年至493年达九十六年，上京会宁府做了金朝前期都城自1115年至1153年有三十八年，都统治过北半个中国数十年（平城自439年统一北方算起有五十五年，会宁自1126年灭北宋算起有二十七年），在建都史上地位应仅次于七大古都。但由于平城原是建立北魏的鲜卑拓跋部的根据地，会宁府原是建立金朝的女真完颜部的根据地，这两处成为半个中国的首都，乃是边区民族向中原扩张的结果，不是经济选择决定的，终究是一种暂局，后来为了加强对中原的统治，北魏首都还是迁到了洛阳，金朝首都还是迁到了中都。所以这两处也不能与七大古都相提并论。

边区民族政权都城为《历代宅京记》所不及，其中蒙古的和林（今蒙古国鄂尔浑河上海东岸哈尔和林）、渤海的上京龙泉府（今黑龙江宁安西南东京城）、后金的盛京（今辽宁沈阳）、古夏的兴庆府（今宁夏银川）、回纥的高昌（今新疆吐鲁番东高昌故城）、黑汗王朝（喀拉汗王国）的八喇沙衮（今吉尔吉斯斯坦托克马克东）、西辽的虎思斡耳朵（八喇沙衮）、察合汗国的阿里麻里（今新疆霍城永定镇西北）、亦里把里汗国的亦里把里（今新疆伊宁市）、叶尔羌汗国的叶尔羌（今新疆叶城）、吐蕃的匹播城（今西藏琼结）、逻些城（今拉萨）、南诏的阳苴咩城和大理的大理城（今云南大理）等，都辖有较大或很大面积的领土，因为它们毕竟没有成为中国的主体民族内地广大汉族人民的政治经济文化中心，故亦不适宜与七大古都相提并论。

中国的建都史大致可分为前后两期，从殷周直到北宋这二千四百年是为前期，其时一统政权和统治北半个中国的大地区性政权的首都殷（邺）、长安、洛阳、开封，都在中原地区（北纬35度左右1度许，东经108—114度），江南的南京只做过统治南半个中国的地区性政权的都城，而位于华北平原北端的北京，则根本还够不上做较大政权的都城。所以这前期又可以叫作中原期。自12世纪初叶宋室南渡以后至今八百多年是为后期，一统政权和大地区性政权的首都都离开了中原，或向南移到了江南，杭州做了一百五十年的南宋都城，南京做了五十年的明朝初期首都，又做了此后二百二十年的陪都，直到近代还做过太平天国和民国的首都；或向北移到了北京，先还只是北半个中国金朝的首都，随后又发展成为元、明、清三代的大一统王朝的首都，直到近代还做过民国的首都；今天仍然是我们中华人民共和国的首都。杭州、南京、北京在前期四大首都之东，距海不远，所以这后期又可以叫作东移近海期。

为什么前期的大政权要选择中原内地的长安、洛阳、邺、开封作为首都，后期的大政权要选择东部近海的杭州、南京、北京为首都？又为什么前期和后期在各个时代要选择不同的城市为首都？这需要我们对历史上择都的条件和首都在历史上所发生的作用做一番分析。

历代统治者主要是根据经济、军事、地理位置这三方面的条件来考虑，决定建立他们的统治中心——首都的。经济条件要求都城附近是一片富饶的地区，足以在较大程度上解决统治集团的物质需要，无须或只需少量仰给于远处。军事条件要求都城所在地区既便于制内，即镇压国境以内的叛乱；又利于御外，即抗拒境外敌人的入侵。地理位置要求都城大致位于王朝全境的中心地区，距离全国各地都不太远，道里略均，便于都城与各地区之间的联系，包括政令的传达、物资的运输和人员的来往。设若地理位置并不居中，但具有便利而通畅的交通路线通向四方，特别是重要的经济中心和军事要地，则不居中也就等于居中。所以地理位置这个条件也可以说成交通运输条件。

当然历史上任何时候都并不存在完全符合理想、两方面条件都十分优越的首都，所以每一个王朝的宅都，只能是根据当时的主要矛盾，选择比较有利的地点。首都的选定一般都反映了该时期总的形势，反过来，首都的位置也对此后历史的发展产生一定的影响。

明白了这个道理，那就不难理解历代首都的迁移，是历史发展的必然结果。

历史上的金门与马祖

金门列岛和马祖群岛都是我国大陆沿海的岛屿，距离大陆远的不过六七十里，近的只有一二十里，它们的历史和大陆滨海地区的历史是不可分的。

金门

在传世的古籍中，有关金门的记载，始见于北宋初年（10世纪80年代）的《太平寰宇记》，其次见于南宋后期（13世纪20年代）的《舆地纪胜》。《寰宇记》卷一〇二泉州同安县下有一条：

> 海中有岛屿四所，计四百余家居焉，无田畴，人以钓鱼拾螺为业。

金门是同安县南海中最大的一个岛（其次是厦门、小金门和大登），此所谓岛屿四所，金门无疑是其中之一。《舆地纪胜》卷一三〇泉州景物下载有同安县海中有四个岛屿：1. 嘉禾屿，即今厦门岛；2. 大登屿；3. 小登屿，即今金门岛北面的大登、小登二岛；4. 涪州屿，“涪”显然是“浯”字之误，浯州屿即今金门岛。其时嘉禾、浯州二屿，各已有居民达千家，大、小登屿上的居民也很盛。这四个岛屿很可能就是《寰宇记》所谓同安县海中的“岛屿四所”。由此可见在达二百多年之中，金门等岛上人口增殖得很快。

公元1276年，宋幼帝昺曾一度驻留嘉禾屿，旋由大担出港赴潮州，这是金门列屿中的大担岛见于记载之始。

到了明代，先有倭寇（日本海盗）的劫掠，末年又有红夷（荷兰侵略者）的窥伺。海疆多事，金门列岛遂屡见记载。洪武年间（14世纪70年代）为了抵抗倭寇，在福建海上建了三个水寨，其中之一就是建立在浯州屿上的浯屿寨。同时又在全省滨海各要害处建立卫所十七处，巡检司四十五处，筑城置戍，防贼内侵；其中守御金门千户所，田浦、官澳、峰上、陈坑四巡检司，都建立在浯州屿上，烈屿巡检司建立在烈屿上。此后浯州屿即因建有金门所而又得名金门岛，紧靠着金门岛的烈屿，又被称为小金门岛。

明代后期，金门、厦门一带的人民先后在抗击倭寇、红夷的侵入的斗争中，为祖国历史写下了光辉的一页。1646年郑成功举兵于烈屿，不久即以金、厦为根据地，在沿海人民的支持之下，从荷兰侵略者手中夺回了台湾，坚持了抗清义旗达三十年之久。

郑氏政权建思明州于厦门，这是金、厦地区从同安县分出专设州县之始。入清罢思明州，仍归同安县管辖，但在厦门驻有分守兴泉永海防兵备道和泉州府的海防同知，在金门也驻有同安县的县丞，并一度驻有泉州府的通判。辛亥革命后，1913年始分同安县立思明县于厦门，1914年又分思明县立金门县于金门。

清代对金门、厦门地区的海防特别重视，在厦门驻有水师提督，统辖全省水师，下辖四镇，其一即驻金门（另外三镇是海坛、台湾、南澳。清末改金门镇为营）。大担、小担岛上都设有防汛和炮台。

明代的金门千户所城在岛的西南隅，清代将所有文武衙署移驻岛西后浦镇，即今金门市。

马祖

马祖岛原名上竿塘山，马祖岛以北的岐岛原名下竿塘山。

南宋中叶的《淳熙三山志》（淳熙，公元1174—1189年；三山，福州的别名），列举闽江口外的岛屿，就已提到了上、下竿塘山。据顾祖禹的《读史方舆纪要》，洪武初曾“徙其民于内地”，可见在这以前马祖群岛上早已有了居民。

上、下竿塘一称南、北竿塘。清代在南、北竿塘山上都设有烟墩瞭望，南、北竿塘和迤南的白犬、东沙二岛，合置战船四拨，千把总一员巡防，隶属于海坛镇所辖的闽安协水师副将。

“马祖”原是南竿塘山西南一澳的澳名（因岸上建有马祖庙而得名，闽俗称天后为马祖），长岐原是北竿塘山南面一澳的澳名，晚清以来，这二澳经常为西方侵略者的轮船出入闽江口时的寄舶之所。由于这些洋人不知道全岛的岛名，径以泊舟所在的澳名名岛，此后中国人自己所编绘的图籍，也就跟着他们改称为马祖、长岐了。

地方史和地方志的区别[①]

自古至今，地方史和地方志这两种著作一直是同时并存的，不能强求合并、统一为一种体裁。

我们不妨简单回顾一下地方史、地方志的渊源和演变。

这两种著作大体上都是起源于汉朝，现在所知最早的是东汉的作品。

东汉的《越绝书》和《吴越春秋》，在《隋书·经籍志》、《旧唐书·经籍志》和《新唐书·艺文志》中都列于杂史。东晋的《华阳国志》，《隋书·地理志》列于霸史，两《唐书》列于伪史。现在有不少人把这几种流传到今天的汉晋著作看成最早的地方志，实在是不恰当的。因为这几种书的内容显然是地方史，而不是地方志，所以隋唐的《经籍志》

---

① 摘自《地方史志不可偏废　旧志资料不可轻信》，原载《长水集续编》，人民出版社1994年。

和《艺文志》都不列于地理类下，而列入杂史、霸史或伪史一类。不过地方志的渊源确乎也可以追溯到汉朝，从《华阳国志·巴志》里可以看出，东汉桓帝时巴郡太守但望的疏文里提到了《巴郡图经》，可见在此以前已有了“图经”。图经就是一方的地图加上说明，图就是地图，经就是说明，这就是方志的滥觞。

东汉以后，从隋唐到北宋，图经大盛，到南宋以后，才改称为“志”。当时由朝廷责成地方官编写地方志，每州或郡都要编写，以后县以上行政单位编写志书成为制度。据朱士嘉先生的统计，流传到现在的有八千多部。

东汉以后的地方史有各种名称，见于隋唐《经籍志》《艺文志》的，有《会稽典录》、《建康实录》（今存）、《敦煌实录》等，还有某地的“耆旧传”“先贤传”“人物志”“风俗传”等。这些书都列于史部旧事类、杂传类，不入地理类。唐宋以后地方史远比地方志（图经、方志）少，但一直沿袭到清朝，并未断绝。如江苏扬州有汪中的《广陵典录》、姚文田的《广陵事略》，苏州有吴昌绶的《吴郡通典》，南京有陈作霖的《金陵通传》，四川宋代有郭允蹈的《蜀鉴》，清代有张澍的《蜀典》、彭遵泗的《蜀故》，云南更多，唐代有樊绰的《蛮书》，明代有杨慎的《滇载记》、倪辂的《南诏野史》，清代有冯甦的《滇考》、师范的《滇系》和倪蜕的《滇云历年传》，民国有袁嘉谷的《滇绎》，等等。民国时各省还都有此类著作，不过不大有名。

在地方志盛行以后，仍然不断有人写地方史，这一点可以证明两者是不能互相代替的，而是并行不悖的。特别是新中国成立以来的三十多年间，各地编写的地方史比地方志还多，一般说来其成就还在新编地方志之上。所以决不能说有了地方志就可以不要地方史了，两者是完全可以，也应该相互补充的。

从内容来看，因为两者都是以某一个地区为记叙对象的，所以关系极为密切，以至往往互为渗透，史中往往有志的内容，而志内也难免有史的成分。但两者毕竟还是有区别的，主要表现在以下三个方面。

（一）地方史是以记叙过去为主的，尽管有时不免提到一些现状。而志则是以记叙现状为主的，当然也需要追溯一下过去。关键是两者的主题不同，各有各的侧重方面。

（二）地方史主要是记叙该地区几千年来人类社会的活动，包括生产斗争和阶级斗争、生产力和生产关系的变化发展，物质文明和精神文明的变化发展，重大的政治、经济、军事事件等。当然，历史时期该地区的自然界若有重大的、显著的变化，如黄河决口、地震、水灾等也应加以记录，但主要的记述对象是社会现象，而不是自然现象。即使记录了自然现象，侧重点也是它们对人类社会的影响。

地方志则不然，至少是对自然和社会两者并重的，应将当地的地形、气候、水文、地质、土壤、植被、动物、矿产等各个方面都科学地记载下来。同时对社会现象的记载也与地方史不同：史以大事为主要线索，记录政治、军事、经济、社会、文化等方面的重大变化，志则分门别类，面面俱到。史的体裁接近于纪事本末体，志则用书志体，对农、林、牧、副、渔、工、矿、交通、人口、民族、风俗、制度、职官、文化、教育、人物、古迹，等等，一一予以叙述。

（三）既然地方史以记叙过去为主，以记载社会发展为主，所以写地方史主要须依靠史料，作者应做的工作主要是收集、整理史料，用历史唯物主义的观点加以分析、鉴别，科学地记述历史发展的过程。很古的、没有文献记载的要搞考古发掘，有遗迹、遗物存在的要进行实地（物）调查。但仅仅进行考古调查，而没有史料根据，很多历史问题还是无法说清楚的。去今还不太远的史事，也需要向群众做调查，做实地考察，但这一般只限于最近数十年内的历史。

地方志以记述现状为主，主要是依靠调查采访。一部分没有现成资料的完全要依靠调查，一部分虽然有现成的资料，也要通过调查予以核实补充。所谓现状，当然不单是指今年或近几年，至少应该包括新中国成立以来的三十多年，还应该包括当地最后一部旧志修成以后的一段时间。旧社会留下的现成资料，由于当时制度的腐败，多数作者立场的错误和长期的散失，需要重新调查，自不待言。即使是新中国成立后各主管部门整理汇编的资料，也必须加以核实补充。因为毋庸讳言，在党的十一届三中全会召开以前，特别是在“文化大革命”中，不少资料中或多或少有假话、大话、空话，少数甚至完全是颠倒黑白。又由于“左”的影响，很多重要的资料被斥为“封资修”而任其散失或付之一炬。因此必须重新调查，改正假话，去掉大话，充实空话，填补空白。由于志是以记叙现状为主的，所以大多数问题有可能通过调查采访得到解决。

编地方志比编地方史需要的人力更多。一般说来，编地方史的工作可以由史学工作者担负起来，编地方志则需要有经济学者、社会学者、史学工作者、地学工作者等多方面的通力合作。

云梦泽的变迁[①]

湖泽这种地貌的稳定性是很差的，特别是冲积平原中的湖泽，变化更为频繁。云梦泽当然不会例外。由于历史记载极为贫乏，要详细阐述云梦泽的变迁是不可能的，在这里只能以少数几条资料为线索，结合当地地貌条件，做一些粗略的推断。

先秦的云梦泽的位置基本上应与两汉三国时代的位置相同，在江陵之东、江汉之间，华容县的南方和东方。此所谓先秦，主要指的是距汉不远的战国时代。至于战国以前的云梦泽该是怎么样的，我们可以从下面两条资料中窥见一些不同的情况。

一条是《尚书·禹贡》篇里的“荆及衡阳惟荆州，江汉朝宗于海，九江孔殷，沱潜既道，云梦土作乂”。这是说荆州地

① 摘自《云梦与云梦泽》，原载《复旦学报》1980年《历史地理专辑》。

区在经过大禹一番治理之后，江与汉合流归海了，江流壮盛得很，江的岔流沱和汉的岔流潜都得到了疏导，一部分云梦泽区积水既被排除，成为可耕地被开垦了。这一部分被垦辟了的云梦泽区，据《史记·夏本纪》“云梦土作乂”下《索隐》引韦昭《汉书音义》：“云土为县，属江夏”；《水经》沔水“又东南过江夏云杜县东”，《注》：“《禹贡》所谓云梦土作乂，故县取名焉。”都说就是汉晋的云杜县。土、杜二字古通用，其说可信。汉云杜县治即今京山县治，辖境当兼有今应城、天门二县地。今京山县虽多山地丘陵，应城、天门则地势低洼多湖泊。如此说来，则今应城、天门等县地，多半就是《禹贡》所说“作乂”了的“云梦土”。这一地区在《禹贡》著作时代业已开垦了，但在前一个时期应该还是云梦泽的一部，所以《禹贡》作者认为它之变湖泽为可耕地，是大禹治水所取得的成果。这“前一个时期”估计不应距《禹贡》写作时代太近，也不会太远，把它推定为春秋中叶以前，可能是恰当的。

还有一条就是前引《史记·河渠书》里的楚“通渠汉水云梦之野”。《史记》虽然没有说清楚这是哪一条渠道，叫什么名字，核以《水经注》，当即见于《沔水注》的杨水和子胥渎。《注》云：杨水上承纪南城即楚之郢都城西南西赤湖，一名子胥渎，“盖吴师入郢所开”“西南注于龙陂……又迳郢城南，东北流谓之杨水”。又东北路白湖水上承中湖，昬官湖水注之，“又东北流得东赤湖水口，湖周五十里，城下陂池，皆来会同”。“又东入华容县，有灵溪水西通赤湖，水口已下多湖。……又有子胥渎，盖入郢所开也，水东入离湖，湖在县东七十五里，《国语》所谓楚灵王阙为石郭陂，汉以象帝舜者，漕运所由也。其水北流注于杨水”。杨水又东北，柞溪水上承江陵县北诸池散流，东迳船官湖、女观湖来会。“又北迳竟陵县西，……又北注于沔之杨口。”寻绎这一段《水经注》文，可知通渠郢都汉水之间，盖创始于楚灵王时，本名杨水。至吴师入郢之役，伍子胥曾疏凿其一部分，遂改称子胥渎。子胥渎和杨水两岸的陂池以及路白等三湖、赤湖、离湖，以及船官、女观等湖，当即这条渠道所经过的云梦泽的残留部分。这部分云梦泽也在江陵以东，但不在华容县的东南而在县西北，由此可见，春秋中叶以前的江汉之间的云梦泽，也要比汉代仅限于华容东南方位的云梦泽来得大一些。

以上说的是大约在春秋中叶以前，汉水北岸今天门、应城一带也有一片云梦泽，汉晋华容县西北，今沙市以东，约当今江陵、潜江、荆门三县接壤地带，也有一片云梦泽。汉水北岸那一片，在战国中期《禹贡》写作时代业已由汉水所挟带的泥沙充填成为“云梦土”，华容西北那一片，则直到司马迁写《史记》的汉武帝时代，大概还保留着云梦泽的名称。

现在让我们再寻究一下在战国两汉时期内云梦泽的变迁。《子虚赋》里说在云梦区的南部是“缘以大江，限以巫山”的平原和广泽。根据江汉地区的地貌形态和古文化遗址分布，我们可以做出如下推断。

郢都附近跨大江两岸是一片平原；北岸郢都周遭约三五十里内是一片由江水和沮漳水冲积成的平原；南岸今公安县和松滋县的东半部是一片由江水、油浇水冲积成的平原，即“江南之梦”；其西约以今松滋县治北至老城镇，南至街河市一线鄂西山地边缘为限，即所谓“限以巫山”。郢都以东就是那片杨水两岸的湖泽区。泽区东北是汉水两岸一片由汉水泛滥冲积成的，以春秋郧邑、战国竟陵邑为中心的平原。其北岸今天门、京山、钟祥三县接壤地带则是一片在新石器时代业已成陆的平原，上面分布着许多屈家岭文化遗址。自此以东，便是那片成陆不久的“云梦土”。杨水两岸湖泽区之南，是一片由江水及其岔流夏水和涌水冲积而成的荆江东岸陆上三角洲。三角洲以及“夏首”（今沙市稍南）为顶点，向东南展开，其边缘去夏首一般约在百里以上。楚灵王所筑章华台，即位于夏首以东约百里处。这个三角洲和竟陵平原以东以南，才是大片的湖泽区，“方九百里”的云梦泽，北以汉水为限，南则“缘以大江”，约当今监利全县、洪湖西北部、沔阳大部分及江陵、潜江、石首各一部分地。云梦泽以北，大江西北岸，又有一片由大江在左岸泛滥堆积而成的带状平原，其北部是春秋州国的故土，于战国为州邑，也就是《楚辞·哀郢》的“州土”（州城故址在今洪湖县东北新滩口附近）；其南部乌林、柳关沙湖等处，近年来发现了多处新石器时代遗址。

战国时代云梦区南部平原和广泽的分布略如上述。到了汉代，大江在江陵以东继续通过夏水涌水分流分沙，把上荆江东岸的陆上三角洲进一步向东向南推进，从而导致了华容县的设置；汉水在南岸的泛滥也使竟陵平原进一步扩展，把杨水两岸的云梦泽区填淤分割成为若干不复以云梦为名的湖泊陂池，结果使这片汉水冲积土和南面的荆江陆上三角洲基本上连成一片。此时限于华容县南，已而三角洲的扩展使水体逐步向南向东推移，向东略无阻拦，向南则为大江岸自然堤所阻，亦被挤迫转而东向，因而泽的主体到了东汉或三国的《水经》时代，已移在华容县东。随着江汉输沙日益在江汉之间堆积填淤，泽区逐步缩小浅淤，所以到了东汉末年曹操自乌林败走华容道时，他所经行的正是华容县东原来的云梦泽主体，但到此时步兵已可通过，只不过是泥泞难走而已。

江汉间平原的日益扩展，云梦泽区的日益填淤东移，到了魏晋时期更充分地显示了出来。荆江东岸分流夏、涌二水所塑造的三角洲以“首尾七百里”的“夏洲”著称于世。七百里的夏洲和汉水南岸正在伸展中的平原，把九百里的云梦泽水面侵占了很大一部分，结果是在汉魏之际先把原在沔北的云杜县移到了沔南（治今沔阳县西），接着孙吴西晋又在三角洲的东南部分华容县先后增设了监利（治今县北）、石首（治今县东）二县，接着东晋又在汉南平原与夏洲的接壤地带增设了惠怀县（治今沔阳县西南）；江汉之间云梦以西在汉代原来只有华容、竟陵二县，至是增加到了六县。云梦泽东端至是也一直伸展到大江东岸的沌阳县（治今汉阳县南）境。

夏洲东南的云梦泽主体，步杨水两岸的云梦泽的后尘，由于大面积泽大体被填淤分割成许多湖沼陂池，从而丧失云梦泽的称号，这大概是东晋或南朝初期的事。郦道元在《夏水注》里说到监利县多陂池，“西南自江陵东界迳于云杜、沌阳，为云梦之薮矣”。这是一段释古的话，不是在叙述现状。他只是说这个分布着许许多多陂池的地区就是古代的云梦之薮，至于那些陂池在当时的名称是什么，还叫不叫云梦泽，在这里他没有提到，而在《沔水注》和《江水注》里提到的大浐、马骨等湖和太白湖，其位置恰好是在这里所说的云梦之薮的东部云杜、沌阳县境内，由此可见，云梦泽在此时当早已成为历史名词。

如上所述，说明了先秦云梦泽三部分：江北部分在战国中期以前已由泽变成了土，江陵、竟陵之间杨水两岸部分约在西汉后期填淤分割为路白、东赤、船官、女观等湖，华容东南的主体部分则在渐次东移之后，终于也在东晋、南朝时变成了大浐、马骨、太白等湖和许多不知名的陂池。叫作云梦泽的那个古代著名泽薮，其历史可以说至此已告结束。现在让我们再简单阐述一下云梦泽主体部分在云梦泽这一名称消失以后的演变过程。

南朝时代，江汉之间以大浐、马骨二湖为最大。《初学记》七引盛弘之《荆州记》云：“云杜县左右有大浐、马骨等湖，夏水来则渺漭若海。”《水经·沔水注》：“沔水又东得浐口，其水承大浐、马骨诸湖水，周三四百里；及夏水来同，渺若沧海，洪潭巨浪，荥连江沔。”大浐湖约在今沔阳县西境，马凤湖约相当于今洪湖县西北的洪湖。此外又有太白湖，位于今汉阳县南，《水经注》里虽然没有提到周围有多少里，从《江水注》《沔水注》两处都要提到它看来，应该不会小。

到了唐代，大浐、太白二湖不再见于记载，马骨湖据《元和志》记载则“夏秋泛涨”虽尚“森漫若海，春冬水涸，即为平田，周回一十五里”，面积与深度都已远远不及南朝时代。

到了宋代，连马骨湖也不见记载了。南宋初期陆游自越入蜀，范成大自蜀返吴，在经过今湖北中部时，舟行都取道于沌，躲开自今武汉至监利间一段大江之险。这条沌所经流之地，正是古云梦泽的东部，《水经注》中马骨、太白等湖所在，今监利、洪湖、沔阳、汉阳等县之地。二人经过这里时正值夏历八九月秋水盛涨时节，但在二人的记程之作《入蜀记》《吴船录》中，都绝没有提到有什么巨大的湖泊。而在自东西行进入沌口（今汉阳东南沌口）不远处，“遂无复居人，两岸皆葭苇弥望，谓之百里荒”（《入蜀记》），“皆湖泊茭芦，不复人迹，巨盗所出没”（《吴船录》）；自东而西入沌后第四日，“舟人曰：自此陂泽深阻，虎狼出没，未明而行，则挽卒多为所害”（《入蜀记》），“两岸皆芦荻，……支港通诸小湖，故为盗区”（《吴船录》）。据程途估算，百里荒应为太白湖故址，第四日后所经行的陂泽深阻处应为马骨湖故地。由此可见，南朝时那些著名大湖，至是已为葭苇弥望，荒无人烟的沼泽地所代替。继云梦泽名称消失之后，连大面积的水体也都不存在了。

可是，这种陆地逐步扩大，水面逐步缩小的地貌变迁趋势，却并没有在自宋以后的江汉之间继续下去。根据明清两代的记载和舆图，这一地区的湖泊不仅为数很多，其中有的面积还很大。相当于宋代的百里荒故地，在明代和清初又出现了一个周围二百余里的太白湖，春夏水涨，更与附近一些较小湖泊连成一片，是当时江汉间众水所归的巨浸（《方舆纪要》《清一统志》引《汉阳府志》）。到了18世纪中叶的乾隆《内府舆图》里，太白湖改称赤野湖，周围还有一百二三十里。赤野湖之西，在今沔阳西境有白泥、西、邋遢等湖，周围各有数十里。在今洪湖县南境又出现了自西至东，首尾连接的上洪、官、下洪三湖，面积不大，东西约六七十里，南北十里左右。又百余年后到了19世纪后期的光绪《湖北全省分图》里，太白湖又基本消失了，只剩下几个周围不过十里左右的小湖，而洪湖竟又扩大成为一个和今图差不多的周围不下二百里的大湖。至今在江陵以东江汉之间这几个县里，除洪湖外，仍然还存在着许许多多小湖泊。其中如洪湖一县，湖泊面积竟高达占全县面积的55%。湖泊之外，陆地中还夹杂着许多旱季干涸，雨季积水的低洼区。所以计全区水体总面积，大致绝不会比千年以前的宋代小，比之二千数百年前的云梦泽全盛时代，虽然要小得多，但也只是相差几倍而已，而不是几十倍。

二千多年来江汉间古云梦泽区的地貌变迁过程，略如上述。把这种变迁过程和该地区的地质地貌因素结合起来，可以看出变迁的规律大致是这样的：

大江和汉水的含沙量都很巨大，历史时期随着江汉上游的逐步开发，江汉所挟带下来沉积在江汉盆地上的物质也与日俱增，所以总的趋势是水体逐渐缩小，陆地逐渐扩展。但是，江汉地区的近代构造运动是在不断下降。这一因素抵消了一部分泥沙堆积的造陆运动，所以水体缩小陆地扩展这种趋势并不是发展得很快的，也并不总是直线发展的。有时在局部地区甚至会出现相反的现象，即由陆变水，由小湖变大湖的现象。有些地区还会出现由水变陆又由陆变水，由小湖变大湖，又由大湖变小湖反复多次的现象，太白湖地区和洪湖地区便是两个很好的例子。这两个湖在战国两汉时都不在云梦泽范围内，在长江左岸泛滥平原内。南北朝时出现了太白湖，到宋代消灭，明清时再度出现，近百年来又归消灭。近年来在洪湖内发现了许多新石器时代和宋代遗址，说明在那些年代里是陆地，而在南朝时这里却是渺若沧海的马骨湖所在，在近代又是极为宽阔的洪湖所在。

长江含沙量一般说来与日俱增，但其在荆江段的泛滥排沙则有时主要在北岸，有时主要在南岸，这对于江汉之间的地貌变迁影响极大。自宋以前，荆江段九穴十三口多数都在北岸，洪水季节水沙主要排向北岸，所以古云梦泽区的变迁倾向主要是水体的缩减，陆地的扩张，而同时期在大江南岸的洞庭湖区则由于下降速度超过填淤速度，相应地便由战国两汉时期夹在沅湘之间一个不很大的面积，扩大到《水经注》时代的周围五百里，更进一步扩大到宋代的周围八百里。元明以后，北岸穴口相继一一堵塞，南岸陆续开浚了太平、调弦、藕池、松滋四口，荆江水沙改为主要排向南岸，由四口输入洞庭湖。自此洞庭湖即迅速填淤。北岸江汉间则由于来沙不多，淤积速度赶不上下沉速度，以致近数百年来，水体面积又有所扩展。

海河水系的形成与发展[①]

河北平原的几条主要河流，或从西北而东南，或从西而东，或从西南而东北，都流向今天津市，在市区内汇合成一条大河东流入海，这是海河水系的基本情况。这种情况是什么时候形成的呢？

清代学者认为《禹贡》里的河水（黄河）就是流经天津海河入海的，在入海之前，先已汇合了河北平原的降（漳）、恒（滱）、卫（滹沱）诸大水，所以在《禹贡》时代，海河水系已基本形成，不过那时的海河只是黄河水系下游的一部分，尚未独立，到王莽时黄河离开河北平原改道从山东入海，海河水系随即成为一个独立的水系。现代的地理学者认为海河水系

① 文章一、二据1957年6月20日复旦大学第四次科学报告讨论会历史学分组报告提纲，前言和结论摘自《海河水系的形成与发展》，原载《历史地理》第4辑，上海人民出版社1986年。

的形成决定于天津的成陆年代。天津未成陆前，河北平原诸大水应各自在天津市附近当时的渤海湾西岸入海，天津一经成陆，这几条大水也就在那时在天津合流而形成海河。

实际这两种看法都是错的。正确考释《禹贡》，就可以知道其时的黄河虽然流经河北平原，注入渤海，但并不流经今天津市区，所以就谈不上河北平原诸水在天津汇合形成海河。见于《汉书·地理志》的西汉时代和见于《说文》《水经》等书的东汉中叶以前的河北平原水系，也还是分流入海的，未曾汇合成为一河。海河水系的形成是在东汉末年建安年间，公元3世纪初。天津的成陆最近已由考古资料证明，最晚不迟于战国。可见天津成陆在前，海河形成远在其后，两事相距至少有四五百年。水系形成以后它所包括的范围曾经发生过多次变动。近代海河水系西南包括清水、小丹河，东、北包括潮白河在内，这种情况大致南北朝后期或隋代即已出现。人工的疏凿对海河水系的形成和发展都起着很大的作用。

一　形成

王莽以前大河（黄河）在今河北入海。清人认为入海处在今天津，所以海河水系那时就已形成。本报告根据《汉书·地理志》《水经》等记载考定：河徙宿胥以前古大河入海处当在汉文安（故城在今文安县东）、东平舒县境，西汉大河入海处在汉章武（故城今沧州市东北）县境，都不在天津。[今天津在汉代当为泉州县（故城今武清东南）境，清人误以为今章武县境。] 西汉时大河以北的滹沱河、泒河、滱河、治水、沽水，皆独流入海；滹沱入海处在汉东平舒县境，泒、滱入海处在汉文安县境，治、沽入海处在汉泉州县境。（《汉书·地理志》谓滱河入大河者误，而清人不知，既认为滱入河，遂不得不把滹沱与泒的入海解为绝大河东出而入海，或把《汉志》滹沱、泒、治、沽的入海都解作由河入海，都是错的。）由此可知其时天津之南渤海湾西岸有一小海湾，上述诸水即分别在此小海湾的南西北三面入海，海河水系尚未形成。

作于东汉中叶的《说文解字》，所载河北水道情况，基本上和《汉书·地理志》相同。

《水经》一书所讲到的河北水道，情况有两种：从浊漳水、圣水、巨马河三条看来，情况同于《汉志》，从淇水、沽水两条看来，则南来之清河已与北来之沽水汇流入海，海河水系已形成，《水经》本非成一时一人之手，浊漳水等条大致是依据东汉中叶的情况记下来的，淇、沽二条所依据的则是东汉末年建安以后的情况。

《水经·淇水注》的淇水为清河上游，显然是建安九年曹操遏淇水入白沟（白沟下接清河）以后的情况。然则清河下游自今沧州市别西汉大河故渎而北出汇沽水，殆亦为建安后情况。《三国志》载建安十一年曹操开凿了一条自呼沲入泒水的平虏渠，旧说以为在今饶阳县境，误，当即《水经》清河下游自虖池河北至泒水间一段，亦即今南运河自青县北至静海独流镇间一段。自是前清河已北通虖池，治水已与沽水相汇，曹操但凿虖池入泒，清河即北流汇沽而白沟漕运遂直达北边。清河现北流汇沽入海，虖池河与漳水流量的大部分遂被挟而北，其在清河以东的故道，逐渐变为支津，或竟归湮没，河北平原诸大川的主流自是汇流天津，海河水系遂告形成。

二　发展

海河水系初形成时，其范围西南止于淇水，淇水以西今卫河上游即当时的清水不包括在内。其时清水在朝歌县境独流入大河，不汇淇，不入白沟。郦道元以为清水在河徙宿胥以前本来就东汇淇水入白沟，河徙宿胥后汇淇而入白沟，曹操开白沟系恢复河徙宿胥前的清水故道，据《九州春秋》、《英雄记》及《水经》可知其误。

导清合淇入白沟约当在十六国时，这是海河水系西南界最重要的一次扩展。

据《水经注》，其时丹水在太行山南麓东分为光沟水，光沟又东分为界沟水，界沟又东分为长明沟水，长明沟水东入吴陂，陂水东注清水。光沟、界沟和长明沟，就是现今小丹河的前身。从地形、水名和水道经行路线各方面看来，这几条水不像是天然水道。至于开凿于何时何人之手，已无可确考，可能在导清、淇之前，也可能在其后。总之，在郦道元时代，丹水已有一部分属于海河水系，海河水系的西南界已和今日相同。

隋炀帝开永济渠，引沁水入清，这是海河水系南界扩展得最远的时期。但此道不久即淤废。唐代的永济渠，宋金元的御河，明以后的卫河，仍以清、淇为主源。

宋大河北决汇御河入海，庆历八年后数十年间自今濮阳北流经大名行御河之西至青县合御入海，始行今卫河、海河。二次闭东流，入金而北流绝。明代沁水曾循隋炀帝所开故道决入卫河，皆不久即塞，新中国成立后又开人民胜利渠引黄济卫。

自大名北至东光一段清河，故道本在今卫河之西，隋开永济渠，始东修略如今道（因屯氏故渎），元开会通河，引汶至临清入御，这是海河水系在东南方向的两次扩展。会通河至清末淤废。漳河多变，清以前皆在平原中部卫河之西，清始专行今道入卫，目的皆在卫河通航。

现今的白河支流潮河，在古代是鲍邱水的上游，汉时邱水不汇沽水，在沽水之东独流入海。故海河水系初形成时，即平虏渠初凿通时，水系的东北界只包括白河（沽水）干流，不包括潮河在内。但就在凿通平虏渠那一年，曹操又开凿了一条从沟河口到潞河（沽水）的泉州渠。据《水经注》，渠的南口在沽水、清河汇口下游不远，北口在沟河入鲍邱口之东。此渠既凿，邱水的一部分即由渠流入海河，主流仍循今蓟运河东南入海。

东汉时㶟水（治水）已改道在今武清县东注入沽水，建安以后郦道元以前沽水自武清南至天津一段又枯断，改而东注鲍邱，泉州渠亦已枯断，所在以郦《注》时代，㶟、沽、鲍邱三水合而循今蓟运河下游入海，海河水系东北界大大缩进，仅以圣水为限。（圣水上游为今琉璃河，下游为固兴、永清界内的永定河。）

在隋炀帝以前或就是由于隋炀帝的开凿永济渠，沽水恢复了自今武清南流至天津的故道，从此以后海河水系的东北界又包括了沽水与灅水。

郦《注》时代鲍邱水上游已在今通县合沽，下游又别沽水故道东南入海，自此鲍邱水分为二截：上游宋后改称潮河，合沽之口逐渐北移，一移于顺义牛栏山，再移于密云城南；下游仍称鲍邱河，经流屡变，清初犹见在于三河宝坻界中，北运河运溢时，往往由此分泻入海。民国初李遂决口，潮白入蓟运，漕运已停，任之，不复挽之经通州合北运。

综括海河水系形成与发展的历史，大致可以得出这样的结论，历代封建统治者为了要发展航运，主要是为了要满足漕运——把粮食运向军事前线和首都——的需要，把原来分流入海的几条大川改造成为汇合入海，因而形成了海河水系；又为了要延长运道，增加运河的水源，把原来与海河水系不相干的几条水道导使加入进来，因而扩展了水系。有时人为的扩展超越了自然条件许可的范围，那就不可能持久。经过多次的改造，并殚精竭虑地予以维护，确是取得相当可观的成就。明清两代漕粮岁额四百万石，加耗三至四成，岁运京、通两仓至五百多万石。可是，由于河北平原分流毕集于天津，使海河担负了它所担负不了的宣泄量，一遇伏秋盛涨，就难免到处漫溢溃决成灾。再者，凡运道所经，旱则民欲启涵洞以溉田，官必闭涵洞以养船，迨运河水溢，官又开闸坝以保堤，置民田被淹没于不问。所以历史时期讲到河北水利，航运与防洪、灌溉之间始终存在着不可调和的矛盾。清末既罢漕运，至民初乃有多开减河，北运、永定等河下游另辟新河，五大河应分由北中南三口达海之议。但新中国成立以后历年无多，已有所改进；相信在若干年后，河北平原的水系，必将得到彻底的改造。

上海的得名、建镇、建县的年代与市舶司的兴废

上海得名于它最初形成为一个聚落时位于一条名叫上海浦的河流岸上。

上海浦始见于北宋熙宁中（1068—1077年）郏亶所著《水利书》。当时松江（今吴淞江）自西东流，两旁入江的支流叫作浦，上海浦是松江南岸海口内第五条浦，在它的下游还有下海、江苎、烂泥、南及四条浦，各浦之间相距平均约五里，上海浦距海应为二十五里左右。

上海地区在唐宋时期海岸伸展很快，平均每十年涨出一里。依此推算上海浦一带的成陆约当在9世纪中叶以前。经沿海人民疏凿成浦，估计约当在9世纪末。至于把这条浦叫作上海，更当在其下游形成下海浦之后，因为上海、下海是对应之称，没有下海浦，显然不会有上海浦之称。估计其时代可能已在10世纪初。

上海浦在《弘治上海县志》（1504年修）里还存在于“县治东”。不久，县治东一段当由于黄浦的逐渐刷宽而为其所并，迤北一段则《嘉庆松江府志》（修于1817年）舆图里还画着，再后就不见记载了。（下海浦在晚清舆图里都还画着，相当今大连路一线。）

有了以上海为名的浦之后，才可能有以上海为名的聚落形成于浦滨。上海的原始聚落是现今旧城区的东门内外一带，正位于古代的上海浦之滨。

明清以来的《一统志》《读史方舆纪要》和府县志都说，旧上海城区旧名“华亭海”，至建镇时才改名上海，以“地居海之上洋故也”，这是一种纯属以讹传讹的无稽之谈。为什么说这是无稽之谈？华亭海一说唐宋时当用以泛指华亭县的海面，不是一个聚落名。说古人会用华亭海三字做华亭县境内的滨海许多聚落中某一聚落的专称，这是不可思议的。所以我们只能说原始上海聚落在未成陆以前本为华亭海的一部分，不能说它旧名华亭海。此其一。上海最初兴起于上海浦岸上聚落，即以浦为名，那是很自然的事。说此时还不叫上海，要等到建镇时才得名上海，也是不合乎情理的。此其二。海如何划分“上洋”“下洋”，“海之上洋”这句话根本不可通解。此其三。

吴淞江下游近海处居民自古以来捕鱼为业，最初的上海聚落应该也是一个渔村，逐渐发展成为一个渔港。

在现存史料中，上海作为一聚落名最早见于《宋会要辑稿·食货》十九《酒麴杂录》。此项记载有全国各州设有“酒务”的集市名与征课岁额，秀州共十七务，上海居其一。而此项课额则为天圣元年（1023年）所定，“以大中祥符三年（1010年）至乾兴元年（1022年）内取一年课高者为额”，可见上海设酒务极迟应在1022年以前。

上海自最初形成聚落至此估计约百年，已成为当时秀州（辖境相当今浙江嘉兴等五县及本市吴淞江以南大部分既已成陆的地区）境内十七个较大聚落之一。

《酒麴杂录》只载各州酒务所在集市名及该州岁额总数，不按务分载，因此无从知道上海在这十七个聚落中就酒课多少而言居第几。但《辑稿·食货》十六《商税》载有各州征收商税的场名，秀州共七场，中无上海，可见上海在此时在秀州集市中应位居第八以下。

约自10世纪末起，吴淞江上的海上贸易港口是青龙镇（今旧青浦镇）。至12世纪末或13世纪初，因吴淞江淤浅，阻塞海舶往来，青龙镇的海港地位渐为在其下游的上海所取代。到了13世纪60年代，上海才正式成为一个设有“市舶司”的海港和设有地方机构的镇。

市舶司“掌蕃海舶征榷贸易之事”，总辖一路的叫司，分驻各港的叫分司或务。南宋初期两浙路市舶司驻华亭县，领分司五，中有青龙而无上海。上海设分司在宋末咸淳年间前不久，见《弘治上海志》卷五董楷撰《古修堂记》《受福亭记》、唐时楷撰《县署记》。唐文撰于元初上海设县之初，去宋末不过二十余年。董楷本人于咸淳三年（1267年）到上海任市舶分司，文中还提到了前分司缪君。凡此皆可证明宋末咸淳以来上海是设有市舶机构的。《元史·食货志》云：世祖定江南，“市之法，大抵皆因宋旧制”。又载至元平宋之初就在上海建立市舶司，显系继承宋末以来之制。日本已故汉学家藤田丰八认为上海在宋代设有市舶官仅见于明曹学佺《舆地名胜志》，而不见于《宋会要》《宋史》，竟断言系传说，是一种很武断荒谬的说法。

《弘治上海志》卷五《清节堂》条下称董楷“提举松江市舶”。按青龙与上海都是松江（吴淞江）南岸的港口，若其时青龙仍设有市舶，则分司上海的董楷自不得径称提举松江市舶。可见上海设市舶应该不是增设，而是将原在青龙的分司移驻于此。《元史·食货志》记元初所立市舶司也只有上海，无青龙。

分司移驻上海的确年无考，就《弘治上海志》所载宋末许多堂宇皆系董楷在任时所创建这一点看来，估计当在董楷任分司即咸淳三年（1267年）以前不久。

宋制凡州县治所以外人烟繁盛的集市，设有监官掌“巡逻盗窃及火禁之事”的称为镇，是县以下的一级地方行政机构。关于上海的建镇年代，旧籍共有三说。

1. 北宋熙宁七年说　按成书于熙宁之后元丰年间的《元丰九域志》，县下例载属镇，而秀州华亭县下只载青龙一镇，可见此说不可信。

2. 南宋初绍兴中说　按成书于绍兴之后绍熙年间的《云间（华亭别称）志》专立镇成一目，所载还是只有青龙一镇。又成书于绍熙之后嘉定间的《舆地纪胜》，嘉兴府下也还是只有青龙镇，没有上海镇。可见此说也不可信。

3. 宋末说　证以《弘治上海志》所载宋末咸淳年间的事迹中已有上海镇之称，已有监镇董楷其人，已称“诸生肄习之所”的古修堂为“镇学”，可见此说确然可信。

设置市舶司或分司和建立地方行政机构州、县或镇本是两回事。一般都是先有州、县、镇，后设市舶，市舶官即由地方官兼任。但上海镇和上海市舶都不见于咸淳以前的记载，咸淳初年的董楷的正职是市舶分司，又被称为监镇。又《弘治上海志》云上海“当宋时蕃商辐凑，乃以镇名市舶提举司及榷货场在焉”。《舆地名胜志》云：“宋即其地（上海）立市舶提举司及榷货场，曰上海镇。”据此看来，上海的设置市舶与建镇应为同时之事，并且还是为了要设置市舶才建镇的。因此董楷以提举市舶分司为正职，以监镇为兼职，与他处以地方官为正职，兼任市舶之职者稍有不同。

元至元二十九年（1292年），割华亭县东北境立上海县于上海镇。后六年，大德二年（1298年），上海市舶归并于庆元路（治今宁波市）市舶司。

关于上海建县年代，《元史·地理志》作至元二十七年，明、清《一统志》及府县志皆作二十九年，当以二十九年为是。或创议于二十七年，至二十九年始正式建立。并上海市舶入庆元市舶司，见《元史·食货志》《弘治上海志》。

上海的建镇是由于作为一个海港“蕃商辐凑”，日臻繁盛，需要在此设立市舶司，已见上述。但上海的由镇升县，却与其海上贸易的盛衰无关。按华亭一县在未分立上海之前，几全有松江南岸今市区及七县之地，这在东南地区是很突出的，有户约十余万（据《元史·地理志》，至顺时华亭、上海县共有户十六万四千。《弘治上海志》唐时措《县署记》，上海立县之初领户六万四千），这在元代也是一个极大的数字（至元时全国仅一千一百余万户），所以其建县是由于原华亭县户口繁多（《元史·地理志》），地大，民众，难理（《弘治上海志》唐时措《县署记》），完全是一种调整地方行政区划的措施。由于上海是原华亭县东北境的一个大镇，位置在东北境又比较适中，因即被选为新县的治所，并即以镇名为县名。至于上海作为一个海上贸易的港口，估计其时已不如宋末的繁盛，故立县后六年即有并庆元之命。

从此上海作为江南地区一个普通的县城，历元、明及清初三百八十余年，一直到清康熙二十四年（1685年）在此设立江海关才又恢复了它作为一个法定的海港的地位。

《上海市大陆部分的海陆变迁和开发过程》后记[①]

文献资料中有关上海古代历史的记载极为稀少，所以要研究上海地区的成陆过程，非依靠考古资料不可。由于20世纪50年代末发现了市属青浦县淀山湖和上海县马桥镇东两处新石器时代遗址，引起有关学术界对这个问题的讨论，60年代初我也写了两篇文章陆续发表在1960年和1961年的《文汇报》上。在那两篇文章里，我主要指出了上海全市应划分为冈身以西和以东两部分，两部分的成陆过程是大不相同的，冈身以西远在数千年前已成陆，而冈身以东则是近千数百年来逐渐出水的。当时已发现的新石器时代遗址只此二处，冈身以东发现的遗址和墓葬还没有早过宋代的，所以论断只能是十分粗略的。十年以后的1972年夏，我参观了上海博物馆的出土文物展览会，看到

① 原载《上海地方史资料》一，上海社会科学院出版社出版［内部发行］，1982年12月。略有删节。

了60年代以后在全市范围内新发现的许多古遗址和墓葬，我又以此为据，结合文献写了一篇《再谈历史时期上海市的海陆变迁》，还是刊登在《文汇报》上。此后又稍加修改，并改了一个标题，刊登在《考古》1973年第1期上。

从1972年以来，大海大陆上又陆续发现了若干地下古文物、墓葬和遗址，报刊上也相应发表了不少文章，有些论点是和我这篇文章里的看法一致的，有些则虽不指名，实际上是批驳了我的看法。因此我虽然由于近来所肩负的任务实在太多，抽不出工夫来像1972年那样再写一篇新作，却也不能不负责任地完全照原样发表旧作，不交代一下对这些新发现和同志们对我的批驳的看法，不谈一谈近年来有什么新见解，这才决定在旧作之后加上这么一篇后记。

这篇旧作主要把上海市大陆部分分为：1. 冈身地带；2. 冈身以内；3. 冈身以外里护塘以内；4. 里护塘以外；四部分。阐明这四部分的成陆过程各不相同，有快有慢。对这一基本论点，至今还并没有听到什么异议。有异议的有两点。第一点是在第三区范围内，有"旧瀚海塘"和"下砂捍海塘"这么两个海塘名称见于文献记载；这是两条不同的海塘，还是一条海塘的两个名称？这一条或两条海塘，兴筑于何时，地理位置在什么地方？

我在1960年《关于上海地区的成陆年代》一文中，信从了明以来地方志上“旧瀚海塘”筑于唐开元初即公元8世纪初之说，又根据《绍熙云间志》和《舆地纪胜》所载旧瀚海塘的起讫和长度是“西南抵海盐界，东北抵松江（吴淞江的古称），长一百五十里”，推定这条海塘“应西南起今金山卫城南十余里（唐时这一带海岸在今海岸之南），东北至今柘林城东十里左右，折向西北，经今闸港，沿今黄浦江东岸北上，经今龙华、徐家汇之东，北抵曹家渡以北当时的吴淞江滨。它不可能更在此线之东，因更东则海塘的长度就不止一百五十里了”。这种看法在1972年这篇文章里被继承下来了。

可是我就在这同一篇文章里又说：“冈身以东约二十千米，断然应成陆于唐以前。南朝时期自莘庄以东这片土地可能虽已成陆而只是海滨未经垦辟的荒地，还没有聚落，所以没有任何文物遗留下来，到了唐、五代时期，既然已筑有海塘寺院，岂能没有村落庐墓？只是其遗址尚未被发现而已。”这几句话实际上否定了旧瀚海塘相当于今闸港、龙华、徐家汇一线说。既然冈身东二十千米唐以前的南朝时期（5—6世纪）已成陆，何以唐开元初（8世纪）所筑海塘还会位于西去冈身仅约十千米的闸港、龙华、徐家汇一线？海塘塘址虽不一定紧逼海岸，但说塘址竟会距离海岸达十千米之遥，那是断乎说不通的。可见我在1972年对旧瀚海塘沿用了1960年的看法，显然是很大的失误。

1972年以后，在我所推定的旧瀚海塘一线以东，陆续在市区的广中路菜场出土了南朝瓷器，中山北路、共和新路和白莲泾出土了唐代瓷器，特别引人注目的是1975年在浦东川沙的严桥公社浦建路发现了唐宋时代的遗址。上述这些地点以严桥为最东，西去冈身约十九千米，这就证实了我在1972年所做出的冈身以东约二十千米应成陆于唐以前的推断是正确的。

旧文献上除“旧瀚海塘”外，又有始见于《弘治上海志》的“下砂捍海塘”。这条海塘指的是北起今宝山盛桥、月浦、江湾，南经川沙北蔡、南汇周浦、下沙、航头一线，这一点无异议。异议在于我认为这是旧瀚海塘以东的另一条海塘，均兴筑于10世纪初五代吴越钱氏时，而黄宣佩、吴贵芳二位同志则认为它就是开元初所筑旧瀚海塘的另一个名称，这是难以令人信服的。《云间志》《舆地纪胜》明明说“旧瀚海塘西南抵海盐界，东北抵松江，长一百五十里”，而下砂捍海塘则从“海盐界”（指今金山县与浙江平湖县交界处）算起“东北抵松江”，至少得有二百里，何止“长一百五十里”？

再者，下砂捍海塘的位置足以证明它只能兴筑于五代吴越时，或早至唐末（893—907年）钱镠以浙西节度使统治今上海地区时，再早是不可能的。1980年曾在这一线以西约六千米处今川沙北蔡镇东南出土了一条唐代木船，虽然不清楚这条船制作使用于唐代什么时候，至少可以说明在使用这条船时这里尚未成陆。从这个时候起要经过这一带的海岸至少向外伸展六千米以上以后，再过若干时日，才有兴筑下砂捍海塘的可能，这怎么可能是早在距离唐朝开国仅百年之久的开元初年即8世纪初年呢？

再其次，旧瀚海塘筑于唐开元初之说，只见于明以来的府县志而不见于唐宋记载，本不一定可信。现在既然确知唐代的海岸线应在我1960年所推定的一线以东，那么这条“长一百五十里”的旧瀚海塘，自应始筑于唐以前，可能是在南朝时代，或更在南朝以前。至于它的起讫位置，若《云间志》《舆地纪胜》的记载不错，那就只能大致如我所推断的那样，因为不如此便不可能符合二书的记载。但这条海塘的西南段早已沦入杭州湾大海中，其在今大陆上奉贤、上海二县和市区境内的东北段，则遗址当已深埋在地面之下，故至今尚未被发现。

有异议的第二点是晚唐的海岸线在哪里？里护塘一线成陆于什么年代？

黄、吴二位同志根据近年在川沙高行镇稍东地带出土唐代晚期至五代的陶器，认为晚唐的海岸线可能就是北宋郏亶《水利书》中所提到的那条相当北起今浦东老宝山、高桥，南经横沔、新场一线的海岸线。又根据里护塘内侧南汇大团镇西和三灶一带发现北宋瓷片，认为“里护塘虽筑于南宋乾道间，但成陆则不迟于北宋初”，“意味着今上海市的全区在宋代之初已经基本成陆，海岸前伸地带和现在相差不远了”。这样的推断看来也是难以成立的。

一、既然承认老宝山、高桥、横沔一线是郏亶《水利书》中的海岸线，郏亶书写成于宋熙宁中即11世纪70年代，上距晚唐至少一百六七十年，我们有什么理由说是这一百六七十年内海岸一直停留在原址没有向外伸展呢？鄙见则认为唐宋的海岸线只能到达下砂捍海塘一线，到钱镠手里就在这条线上兴筑了海塘。筑塘以后海岸又向外伸涨了一百六七十年，才到达郏亶书中一线。这似乎比较说得通。

二、高行、大团、三灶等地的考古发现只是当地出土了古陶瓷器或陶瓷碎片，而不是发现了遗址。陶瓷器是便于搬移而经久耐用的物件，前代所烧制的，完全可以被后代人搬移到他们的新居去继续长期使用。所以我们不能因为某处发现了唐代的陶器，就说该处在唐代已成陆，也不能因为某处发现了宋代的瓷片，就说该处在宋代已成陆。（上文提到的广中路菜场出土南朝瓷器，也不能据以断言出土地点南朝必已成陆。）再者，里护塘一线距离现今海岸线还有一定距离，当海岸伸展到里护塘一线时，就说“今上海市的全区”“已经基本成陆”，显然也是不妥当的。

尽管黄、吴二位文章里的论断我不能完全赞同，但是二位明确指出了我以闸港、龙华一线为唐开元初海岸线的错误，这是我要向他们二位致谢，并向读者交代的，这是我写这篇后记的第一个目的。

还有一个目的是我在1972年这篇旧作里把历史时期海岸线推展速度快慢的原因比较简单地归之于长江所挟带到江口泥沙量的多少和长江主泓道的南北摆动，这种看法是不全面的，实际上至少还有另一种因素在起相当重要的作用，在这里需要补充阐述一下。

这另一因素是气候的变化影响到海面的升降，海面的升使海岸停止前进甚或后退，海面降使大面积海涂出水成陆，岸线迅速向外推进。下面根据竺可桢先生和张丕远同志对我国近五六千年来气候变迁所做的研究成果（《竺可桢文集》，《中国近五千年来气候变迁的初步研究》；《中国自然地理·历史自然地理》第二章，张丕远《历史时期的气候变迁》），用以推阐气候变迁与上海海岸推进迅速的关系。

从五六千年前的仰韶期起到三千年前的殷墟时代和西周初年，气候都要比现在温暖湿润许多，黄河流域如此，长江流域也是如此。上海地区的青浦崧泽和金山亭林两处新石器时代的孢粉分析，有力地证明了这一点，估计其时年平均气温要高出现代2~3℃。前10世纪以后约有1~2个世纪气候转冷，进入春秋以后经战国、秦至西汉武帝时即前1世纪这六七百年内，又是一个温暖时期。直到东汉前期即公元1世纪时才转趋寒冷。总之，从前五六千年到前二千年是一个历时几千年之久的长期温暖气候时期，中间只间隔了一二次世纪性的寒冷时期。这正和上海地区海岸长期停留在冈身一带的时间相当，可见这几千年内海岸之所以伸展得极为缓慢，气候温暖导致海面升高应该是原因之一，其重要性可能还有过于其时长江输入东海的泥沙量不多这一原因。

自公元1世纪起气候转趋寒冷，至4世纪时达到顶点，估计年平均气温低于现在2~4℃。这时海岸应由于海面下降而迅速外展，这和我们原先推定海岸在4世纪时大致还停留在冈身外不远处，从5世纪起即迅速向外扩展是基本符合的。现在考虑到这个因素，则原先的推断应提前约一个世纪，即海岸离开冈身附近迅速外展应始于4世纪时。

5—6世纪即南朝时期的气温仍比现在低，所以从4世纪后在短短约三百年时间内，海岸线已推展到了远离冈身约二十千米那么远。7世纪中叶以后和8—9世纪即唐代自高宗以后气候又转暖，所以在这二百多年内，海岸似乎又停止推进或推进得很慢，下砂捍海塘一线的海岸约形成于唐季，西去严桥遗址仅一千米许。

10世纪下半叶到11世纪、12世纪又是寒冷时期，所以海岸线从下砂捍海塘一线迅速伸展到里护塘一线，在不过二百年的时间内推进了约十四五千米。

12世纪初气候转暖，14世纪后又转冷，延续五六百年之久直到19世纪都比现在冷，进入20世纪才转暖。自1172年兴筑里护塘至今八百年中有五六百年是寒冷时代，但里护塘以外扩展的陆地并不很多，那就不是气候在起作用了，而应该是由于长江主泓道南移，新涨出来的海滩不断受到冲刷之故。

现在看来，20世纪的前十年海登斯坦、丁文江等说什么几千年来长江三角洲都是在按同一速度向前推进果然是荒谬的，而我自己在十年前还在计算上海大陆这部分那部分的海岸伸展速度，还在说唐宋间平均约二十年即涨出陆地一千米，也可以说是毫无意义的。实际上海岸的推移是由多种因素交错作用决定的。这些因素时而此强彼弱，时而此弱彼强，以致海岸非但不会长时期按同一速度向外伸展，并且有时根本停止不动，有时前进，有时后退，进退又时而快，时而慢，所以不论是几千年也好，几百年也好，甚至几十年也好，都不可能有什么定向移动、平均速度。

1982年6月12日

“上海”一词的时代差别

要注意“上海”一词的时代差别。

1. 在南宋（11—13世纪）是一个设置了酒务的聚落。

2. 南宋末年至元至元末（1267—1291年）是一个建置镇。

3. 1291年（至元二十八年）设县，辖有今市区苏州河以南及上海、南汇、川沙三县和青浦县的东北部；明万历后青浦建县，辖地缩减，清雍正三年南汇建县，嘉庆十五年川沙建厅，又一再缩减。

4. 1928年设上海市，1930年全市面积五百二十七点五平方千米，1945年为六百一十八平方千米。上海县不属上海市，而属江苏省。

5. 1958年将江苏十县（上海、松江、青浦、金山、奉贤、南汇、川沙、嘉定、宝山、崇明）划归上海市，从此才有今天第一义的上海。1958年变动最重要，一方面是成十倍地扩展了地域，另一方面是将原来只限于冈身以东的上海市，扩展到了冈身以西，直抵淀山湖，这对讲上海历史大有关系。

1958年以前，我们只能说上海由海而变成陆地，最多只有一千几百年历史。1958年后，就可以说上海的西部地区，成陆在五六千年以上，将上海成陆史向前推移了几倍。在1958年以前讲上海史，只能从一千几百年讲起，因此前这片陆地还都在海里。1958年后就要从六千年前讲起，因为青浦、金山、松江等县以至上海县的西端已属上海市，而这些地方在五六千年前已成陆。人类活动留下了著名的青浦崧泽、福泉山等新石器时代文化遗址。去年报纸上经常有人称“上海有六千年历史”，此话欠妥，马马虎虎讲可以，若在严肃的科学著作中不应这样提。这是因为：1. 新石器时代遗址都发现在冈身以西或冈身上，冈身以东没有，而冈身及冈身以西之地，于全上海只占一小部分，大约三分之一，所以上海只有三分之一的土地有六千年历史，我们不能以偏概全。2. 通常所谓历史，指人类进入文明时代而言，即有阶级，有国家，有文字记载的时代而言，不包括未进入文明时代的石器时代，石器时代是史前时代，叙述史前时代的社会变化称史前史。所以说中国是一个有五千年或四千年历史的文明古国，有时就说成中国有四千年或五千年历史。如果把一国一地的历史包括史前时代，那么中国就有一百七十万年历史了。既然对中国只讲四五千年，那么对上海也不宜说有六千年历史。

各地方的人们总喜欢把本地历史尽可能地说得久一些，这大可不必。久不久相对而言，上海也要讲悠久，毫无意义。对上海（指一级政区）而言，历史若包括史前史，则云南有一百七十万年前的元谋人，历史最久；全国三十一个一级行政区中的二十七个都有旧石器时代遗址。若就见于文字而言，上海全市无见于先秦的地名古迹，比中原晚。就上海城市而言，北宋（11世纪）始见记载。在全国范围看，上海是一个较晚起的城市，不能说久，但也不是最晚的，比哈尔滨、长春、石家庄、呼和浩特久，也不失为一个历史文化名城。古代史是历史，近代史也是历史，上海是中国近现代史上的一个名城。历史文化名城不一定这个城的历史很久。上海是国务院第二批公布的，在第一批公布的二十四个城中，就有遵义、延安，在古代史上并不有名，而在现代史上是大大有名的城市。

今上海境内无先秦古史可言，亦无古地可确指[1]

讲上海史的第一章史前时期，内容丰富，好讲，因为从20世纪50年代以来境内已发现过青浦崧泽、上海马桥、金山亭林、松江广富林等多处新石器时代遗址。可是第二章该讲到进入历史的早期了，就很难讲，因为可靠的历史文献记载里基本上没有发生在上海的史事与史迹。许多上海史志的编著者不愿意如实把这一段历史时期让它空白，硬要凑上几句，结果凑上的不是与上海无关的历史，就是不足征信的附会之谈，都不是上海史应有的内容。

例如，大禹东巡狩至会稽而崩，夏少康封庶子于会稽；周太伯、仲雍兄弟奔荆蛮，建立句吴，传至周章为周武王封为吴王；这些是应该写到浙江史、江苏史里去的史事，如今好多人

---

① 摘自《上海地方史志记述建置沿革中的几个通病》，原载《上海修志向导》1991年第3期。

把它们扯到上海史里，未免有点出题，有乖著述体例。

许多上海境内见于史志记载的所谓古迹，实际上往往并不是真正的古史遗迹。如金山县海中大金山北麓北宋以前有一个金山城，绍熙《云间志》引旧经说是“昔周康王东游，镇大海，遂筑此城，南接金山，因以为名”。实际周康王怎么可能来到这数千里外东南蛮夷中的海滨筑城？据《太平寰宇记》，这个苏州东南四百零五里海边的山叫钊山，想必是由于有人知道周康王名钊，遂将山麓的金山城附会为周康王所筑。真正筑金山城的应为五代吴越钱氏，见《读史方舆纪要》《清一统志》。

今松江县治是唐天宝以后、民国以前的华亭县治。华亭之名始见于《三国志·陆逊传》：东汉末建安二十四年（219年）孙权以陆逊克公安南郡功，封华亭侯。按东汉通例，有功之臣先封乡侯或亭侯，又有功则进封县侯。陆逊于次年又有破蜀将及秭归大姓招纳凡数万户之功，进封娄侯。可见娄即吴郡娄县，先此所封华亭，应为一乡亭名。明正统《松江府志》作者大概是由于不懂东汉乡亭封侯之制，望文生义以华亭为一亭馆之亭。这位作者又见《史记·吴世家》谓吴至春秋中叶寿梦“始益大，称王”，遂凭臆造为寿梦时在“国都之东，松江之南，修筑华亭，作为停留信会之所”之说。后此松江府县志多贸然采用此说，竟不问这位明朝人何以能知道过去二千年中绝不见于任何记载的这件寿梦时代的史事。《云间志》还实说华亭之名始见于陆逊封侯，可见寿梦筑亭之说是明朝人的创造，如何信得？

《云间志》和《弘治上海志》古迹部分有一个阖闾城，在上海县的二十七保，“夹江二城相对，阖闾所筑以备越者”（《太平寰宇记》苏州县志襄山松城条下言及“城东三十里夹江有二城相对，阖闾所筑以备越处”，当即此城，但未有阖闾城之名）。按，《汉书·地理志》娄县下有“南武城，阖闾所起以候越”，《越绝书·记吴地传》“娄北武城，阖闾所以候外越也，去县三十里”，城名武城或南武城，不叫阖闾城。城址应在今昆山境内，不在上海。不知是什么时候的上海人，又把县境内的夹江东西二城（《弘治上海志》中县北十里的二芦子城）指称为阖闾所筑，又成为一个冒牌春秋古迹。

说到这里需要附带指出一点，《越绝书》此条“越”上有一“外”字，极为重要。外越指春秋吴越东海外的越族，屡见《越绝书·记吴地传》与《记地传》。外越有别于勾践的“大越”即于越。汉娄县治在今昆山县东北三里（《清一统志》），武城（南武城）在娄县东三十里，去当时的海岸已不远。吴筑此城并宿兵于宿甲、力士二地，都是为了备御自海上入侵的外越的。《汉书·地理志》此条在“越”上略去“外”字是不应该的。我们可千万不能据此得出阖闾时吴越之间疆界在今昆山附近的误解。

许多旧方志都说，黄浦江得名于江，为战国时楚春申君黄歇所凿，故以歇浦、黄歇浦、春申江作为此江别称，因而申江和申也就成为上海的别称，实际也是荒唐的“古迹”。黄浦江的大部分即中游部分位于冈身以东，战国时这里尚未成陆，焉有在海中开凿江河之理？若战国时已有此江，何以绝不见于汉以后北宋以前任何文献包括水利专著之中，而要到南宋时才始见黄浦（《宋会要辑稿·食货八》乾道七年），元代才称为大黄浦，明代才升格被称为江？可想而知将春申君黄歇附会为黄浦江的开凿者，必出于明代文人中好事者的附会。

以上这些相当著名的上海境内所谓先秦古迹，一经认真考核，原来都是靠不住的。那么全上海究竟有没有可靠的先秦古迹？我查遍了能查到的早期文献，总算找到了一个知名度很差的战国古迹。《越绝书·记吴地传》“娄门外鸿城者，故越王城也，去县百五十里”。苏州城东百五十里，计程应在今上海境内。《清一统志》引明正德《姑苏志》：“坞城，在嘉定县南五十里吴淞江南，相传吴王所筑。”《清一统志》编者认为“鸿”“坞”字相类，道里亦相近，盖一城也。明代的坞城是否即《越绝书》中的鸿城，尚难确定，又不知明代的坞城今日尚有踪迹可寻否。所以，无论哪一位同志出于爱上海的心情想多讲一些上海先秦古史古地，恐怕都是徒劳的，不会取得令人信服的成果，还难免贻人嘲笑。在史前时期之后，接讲历史时期的上海史，大概只能从秦置海盐县于今金山县淤成平陆的古柘湖内讲起。

贰

《禹贡》和九州

首先要讲明，《禹贡》不是大禹时代的作品，现在还有人认为是大禹时代的作品，这完全错了。这在“五四”以后的历史学界早已成为定论了。究竟是什么时代的作品呢？到现在为止还没有统一的意见。我们知道，在上古时代有许多人物只是一种传说，并不一定确有其人。我国历史悠久，但是有真实历史记载的时代并不是始于三皇五帝，也不是始于尧、舜、禹，这些都是传说。传说有一点历史的影子，但是传说不等于历史。我国真实的历史记载始于商朝。《尚书》里有一篇《盘庚》，大约是盘庚时代或稍后的人作的，那离开现在大约有三千三百多年了。这是最早的可靠的历史记载。此外，同志们大概都知道，我们河南安阳城西北是古代商朝的都城，因此后人称为殷墟。在那里发现了甲骨文，都是刻在乌龟壳、兽骨上的文字。甲骨文就是商代的文字记载。甲骨文有早有晚，最早不超过盘庚时代。所以盘庚时代是我国有信史的开端。在这以前，至今还没有发现有文字记载流传下来。现在很多历史学家认为，盘庚以前的历史都是春秋战国秦汉时代根据传说记载下来的，这种资料中不可靠的成分是相当多的。《禹贡》显然不是真正大禹时代的东西，不但不是真正的大禹时代的东西，也不可能是夏朝的东西、商朝的东西。因为在《尚书》里，譬如说《盘庚》是殷朝的东西，还有许多是西周初期的东西，这些文字都很难读懂。但是《禹贡》篇却比较容易看懂，当然不可能是商、周以前的作品。因为历史发展规律是越古的东西越不好懂，越近的东西越好懂，《禹贡》不知比《盘庚》好懂多少倍。可见《禹贡》是在《盘庚》之后的。《禹贡》最古说是西周的，现在有人说是春秋时代的，不过绝大多数史学家相信是战国时代的。这几乎可以视为定论。这样的研究结果是在“五四”以后若干年才取得的，至于在“五四”以前，封建时代的旧史学把传说的东西完全看作信史。

因为封建时代的多数人都相信《禹贡》就是大禹时代的东西，所以旧方志一开始讲到当地的历史时，往往就从《禹贡》讲起，说当地在《禹贡》属某一州。当我们看到这样的记载时，第一点要搞清楚的是，属《禹贡》某州，只是说在《禹贡》篇中此地属于某州，并不等于说此地在大禹时代就属某州。其次还要搞清楚一点，过去认为在大禹时代就把全国分成九大行政区划，每一大行政区划叫作“州”，共有九州，即幽、豫、冀、兖、益、青、徐、荆、扬。实际上这个九州不仅不是大禹时代的行政区划，而且也不是战国时代的行政区划。这是因为把全国划分成多少行政区划，只有在完成了全国统一实行中央集权以后才有可能，只有在秦始皇灭了六国，建立了我国第一个大一统的帝国以后才有可能。战国以前，中国分成几十个乃至几百个大大小小的诸侯国，每一个诸侯国都各自为政，周天子只是名义上的天子，他不可能把全国划分成几个行政区域。周朝如此，周朝以前更是如此。“五四”以来的史学家对这个问题早已做出了一个科学的结论：九州根本不是什么行政区划，而是战国时代的地理学家把其所知道的地理范围，即所谓“四海之内”划分成九个地区，把自己的认识假托为传说中的古代帝王的著作，当作当时的制度来记载。所以这个九州，实际上就等于现在全世界的五大洲、七大洲。五大洲、七大洲是一种地理区划，同样，古代的九州也是一种地理区划。古人不明白这个道理，把《禹贡》九州认为是古代的行政区划，所以各种方志里讲到当地的沿革，第一句都要说属《禹贡》某州之域。这种错误的认为早已被“五四”之后、解放以前的史学家所推翻了，今天我们新中国修新方志当然应该懂得这一点，而不应该再按照封建时代的说法把九州看成我国最古的一种行政区划，在新方志里不要再讲什么《禹贡》某州之域一类话。但最近我看到一些地方志通讯里头讲到一个地方的沿革的时候，仍然把旧方志里的这些话照说不误，所以今天要讲上这一段提醒大家，要正确认识《禹贡》九州是怎么一回事。

《山海经》简介[①]

中国古代以“山”和“海”为纲领，广泛辑录多种巫师、方士所记各地山川、神话、巫术的资料汇编。西汉末年由刘歆（后改名秀）编定。

《汉书·艺文志》本于刘秀所撰《七略》著录《山海经》十三篇，刘秀在《上〈山海经〉表》说：“所校《山海经》凡三十二篇，今定为十八篇。”其后，《山海经》在流传过程中又有变动，较重要的有晋代郭璞等版本。今本《山经》二十六篇，合为南山、西山、北山、东山、中山经五卷，《海经》十三篇、十三卷，凡海外南西北东经，海内南西北东经八篇，各篇一卷；大荒东西南北经海内经五篇，各篇一卷。全书共三十九篇、十八卷，《山经》约二万一千字强，《海经》约

① 原载《中国大百科全书·地理学卷》，370—371页，中国大百科全书出版社1990年。

一万字弱。

《山经》末行云："有五藏山经五篇。""藏"，意同"内"，"山经"上加"五藏"两字，是说五篇所记述的山川都在内地，即华夏范围之内。《海外四经》《海内四经》的"海"，用的是《尔雅·释地》"九夷、八狄、七戎、六蛮谓之四海"之义，指不在华夏范围内的地区。较近者为"海内"，较远者为"海外"，"大荒"为极远之地。荒经是海经的补充，故一般将《山海经》全书分为山、海两部分时，荒经包括在海经之内。

刘秀在《上〈山海经〉表》中说："《山海经》者，出于唐虞之际"，"禹别九州，任土作贡，而益等类物善恶，著《山海经》"。汉晋以后多沿用其说。近今学者或认为它是战国中后期作品，或认为它成书于秦汉，或仍主张它是战国以前的书籍。多数人认为非一时一人之作，而各经各篇孰先孰后，又众说纷纭。被公认的大致的四点：①司马迁在《史记·大宛列传》中已提到此书，故成书时代的下限是汉武帝时，即公元前2世纪后期。②编纂成书和书中资料是两回事，说此书成书于战国或秦汉，不等于否定书中有若干资料源出远古传闻。③成书以后在流传过程中，可能有后人的附益。④《海内东经》自"岷三江"以下二十六条水不是海经原文，疑本为郭璞所撰，后人抄附于此。

全书内容庞杂，自然方面的山、川、泽、林、野、动物、植物、矿物、天象，人文方面的邦国、民族、民俗、特产、信仰、服饰、疾病医药，以及古帝王世系、葬地和发明制作，无所不包。

《山经》所载山川大部分是历代巫师、方士、祠官的踏勘记录，经长期传写编纂，多少会有所夸饰，但仍具有较高的正确性。部分偏远地区资料采自传闻，无从核实，离地理实际就相当远。记述方式是先按大方位分成五区，即以南山经、西山经、北山经、东山经、中山经命名，次将每区的山分为若干行列，然后每一列从首山曰某山叙起，依次叙又某向若干里曰某山，山下叙某水出焉，某向流注于某水或泽或海，或无水。全部《山经》共载有四百四十七座山，其中见于汉晋以来记载，可以指实确切方位者为一百四十座左右，占总数三分之一弱。这一百四十座中的半数属于《中山经》，半数分属于南、西、北、东四经，而极不平衡。对今豫西、晋南、陕中地区的记载最为详确，离开这个地区越远，越疏略差谬。

《南山经》东起今浙江舟山岛（漆吴山），西抵湖南沅水下游（柜水），南抵广东南海（《南次三经》诸水所注海）。可指实的最北一座山“浮玉山”，即今浙江东天目山。连带叙及的“具区”，即今太湖。

《西山经》东起山西、陕西间的黄河，南达陕甘秦岭山脉，北抵今宁夏盐池西北（中首山）、陕西榆林东北（号山）一线，西南抵甘肃鸟鼠山及青海湖（西海）、倒淌河（淒水），西北可能到达新疆阿尔金山（翼望山）。

《北山经》西起今内蒙古腾格里沙漠（滏、滑、彭水注于此），东抵河北中部（北次三经所见河水下游），南起山西中条山，北抵内蒙古阴山以北，北纬43度迤北一线（嚣水所注敦题山所临）。

《东山经》西起今山东泰山，东抵成山角（胡射山），北抵长山岛（殚山），南尽安徽濉河（礌水）。

《中山经》自首山经至七山经，当今晋南豫西地。八山经为今鄂西地，十一山经为今豫西南地，十二山经为今湘北赣北地，皆在南、西、北、东四经之中。唯九山经地处西南，西起四川盆地西北边缘（来山、崌山、岷山、章山），东至四川东部，并不居中。

《海经》十三篇，内容几乎全是神话，地理学价值远不及《山经》。

《山经》的地域范围、写作地点和年代[①]

摸清楚了《山经》地域范围，现在可以让我们试以《山经》地域与《禹贡》所载地域范围做一比较：

东方《禹贡》“海岱惟青州”“海岱及淮惟青州”“淮海惟扬州”，篇末言禹域四讫云“东渐于海”。东山首经、三经、四经多次提到海，南次二经滂水东流注于海，漆吴山处东海。可见二书地域都是东至于海，基本相同。《禹贡》扬州东南境仅及三江、震泽，而《山经》提到了句余、浮玉、会稽、漆吴等山，比较详细，虽由于二书体制不同，也可能是反映了《山经》作者对东南沿海地区山川的了解有过于《禹贡》作者。

西方《禹贡》“黑水西河惟雍州”，黑水指今甘肃额济纳

① 原载《中国科技史探索》国际版，上海古籍出版社1982年。

河。“导弱水至于合黎，余波入于流沙”。弱水即今山丹河，西合黑水止游，此下弱水即黑水，西过合黎山后北流经额济纳沙碛注于汉唐时代的居延海（泽）。《禹贡》《山经》时代还不知道有这个泽，故《禹贡》但云“余波入于流沙”，而西次三经有泑水为源出槐江山（今张掖县北）的丘时水所注，应即《禹贡》的黑水、弱水，经文亦不及此泑水所注。槐江山之东有泰器山，“观水出焉，西流注于流沙”。可见两书作者对这一带的知识只知道是一片流沙，都还不知道黑水下游穿过流沙潴成一海。《禹贡》既以黑水为雍州西界，篇末言禹域四讫，又说“西被于流沙”，这是由于黑水没入流沙，故或言黑水，或言流沙，所指地区实一。《禹贡》言禹域西尽于此，禹域之外附见于雍州的又有昆仑、析支、渠搜西域三国。渠搜确地无考。释者或以为即《汉书·地理志》朔方郡的渠搜县，在今内蒙古杭锦旗北，则在北而不在西；或据《隋书·西域传》谓即隋世之拔汗国，即今苏联境内费尔干纳盆地，则距雍州西界又过远。昆仑，当在昆仑山附近，今酒泉县南甘青界上一带。析支即河曲羌，在青海湖之南黄河屈流处。

昆仑、析支为域外，则雍州苗所宅的三危，当然不可能在昆仑西北今敦煌东南三危山，应从《尚书》郑注引《地记》在鸟鼠山西南，《续汉书·郡国志》刘昭注引《地道记》在汉陇西郡首阳县境内（故治今渭源县东北）。又，“浮于积石”的积石，也不可能是析支西南《括地志》《元和志》中的大积石山，即今青海省东南的阿尼玛卿山，只能是《括地志》《元和志》中的小积石山，即《水经·河水注》中的唐迷山，在今化隆县东南，今图或犹标出作积石峡。

据上考，则《禹贡》所载西境包括域内外，西止于北起额济纳河，西南经今酒泉附近一带，折东南至于今青海湖南黄河河曲一线。《山经》西山首经西至西海凄水，略与析支远近相当。西次二经西至莱山，约与昆仑相当。唯西次二经西至更在昆仑丘之西十四山的翼望山；约在甘新接壤地带或新疆东南的阿尔金山，超出《禹贡》范围相当远。

《禹贡》“华阳黑水惟梁州”，此黑水难以确指。胡渭《禹贡锥指》以汉世泸水当之，卢训黑，其说可通。汉魏泸水指今金沙江而以雅砻江为其上游。又，梁州“西倾因桓是来”，导山中条亦首起西倾。西倾山今同名，在甘川界上，桓水即今白龙江发源于此。故《禹贡》梁州西境，较中山经范围为广。

南方《禹贡》“荆及衡阳惟荆州”，这是说荆州南界在衡山之南，衡山即今湖南衡山，南界虽未明说，要之不可能远抵五岭，更不可能达于南海。“导黑水至于三危，入于南海。”

发源于敦煌或渭源的水都不可能入于南海，所以事实上并不存在这么一条黑水，说黑水入于南海，当然也只是凭臆测推度而已，并非实有所指。可以断言，《禹贡》所载地域南界距衡山不远。《山经》地域范围在这方面远远超出了《禹贡》，南山首经略当南岭山脉，南次三经更在南岭之南，此二经中的海、东海、勃海无疑皆指今南海。

北方《禹贡》冀州不提北界，所见山川以恒水、卫水、碣石山为最北。又导山北条太行之北有恒山。碣石山古今同名，在今河北昌黎县北。恒山今河北阜平县东北大茂山，俗名神头。恒水以源出恒山之恒水为上游，自今唐县以下即《山经》滱水，今唐河。卫水以源出灵寿县境之卫水为上游，下游即《山经》虖沱水，今滹沱河。以此为据，则北山经正北方所包地域，远远超过《禹贡》。唯《山经》的碣石非《禹贡》的碣石，《禹贡》的碣石不见于《山经》，故《山经》东北方地域反较《禹贡》为近。

概括上文所做《禹贡》《山经》二书所载地域的比较，可以简化为这么几句结论：《山经》地域南方从《禹贡》的约北纬26度“衡阳”推广到了22度的南海，北方从《禹贡》的不到北纬40度的恒山、碣石扩展到了超过43度的蒙古高原，南北都延伸了约纬度四度；东至于海二书相同，西方《山经》从《禹贡》的黑水、昆仑伸展到了“翼望”，至少也有经度四度；唯西南、东北二隅《山经》地域小于《禹贡》，相差约经度一二度。所以总地说来，《山经》地域要比《禹贡》大得多。

二书所载四至远近的不同，应该可以反映二书写作时地的不同，近人多据此以立说。但由于对二书，特别是对《山经》山川的地望没有搞清楚，因而据以得出的关于写作时地的结论，也就成了问题。略举数例如下。

顾颉刚先生认为《山经》所载于周秦河汉间最详最合，故作者之国籍当不外科此；《禹贡》《山经》“境域广狭颇相似”，《山经》于齐鲁吴越多以想象成篇，《禹贡》改正了《山经》“蹈虚”处，《禹贡》荆州南至衡阳，《山经》全书不见衡山，当由于“其时河汉间人犹未尝闻其名也”，“因以拘留证知《禹贡》之著作必在《山经》之后”，“《禹贡》若出于战国之季，则《山经》之作者在战国之初或春秋之末乎”？[①]

蒙文通根据碣石山在北山经里“绳水出焉，东流注于河”，《山经》距海尚远，在《禹贡》里冀州“夹右碣石入于河”，“导岍及岐，……至于碣石入于海”，山已滨海而犹在

① 见《五藏山经试探》，载北京大学《史学论丛》第1册，1934年。

陆上，到《水经·禹贡山水泽地所在》里变成了“在临榆县南水中”，则已沦于海中，认为历史上渤海海岸是逐渐向西扩展的，《山经》所载地理情况远在《禹贡》所反映的地理时代之前。又根据《山经》不载渠水，《水经注》中的役水注入渠水，而中次七经中的役水“北流注于河”，渠水即战国梁惠王所开鸿沟，因而，断定《山经》这部分的写作不能晚于公元前360年即梁惠王十年开凿鸿沟之前。又根据《山经》把巴蜀荆楚地区包括在中山经内，中次九经对岷江中上游地区记载了八水十六山，特别详细，认为《山经》系“属于西南地区的古巴蜀文化”“很可能是接受巴蜀文化以后的楚国作品”。袁珂根据徐炳昶（旭生）所释中山经地域大部分都在战国楚国统辖范围内，认为《山经》系战国中年以后楚人的作品[①]。

上引诸说只有顾先生以《山经》作者为周秦河汉间人一条是合理的，因为《山经》所载山川确以这一带为最详最合，其他说法都不能成立。

《山经》的地域远比《禹贡》大，不能说“颇相似”。东山经所载齐鲁山川比《禹贡》多得多，一部分是可以证实的，一部分难以确指今地，当由于古今名称变异之故，遽以蹈虚

① 见《山海经写作的时地及篇目考》，载《中华文史论丛》第7辑，1978年。

目之是不妥当的。南次二经所载吴越山川就中可以证实的已比《禹贡》多，怎能说是想象成篇？南次三经和首经都在衡山之南，作者的南方知识远比《禹贡》丰富，怎能仅因其不见衡山便说它反不如《禹贡》？《山经》所载地域多为《禹贡》所不及，当然不能据以做出《禹贡》必在《山经》之后的推断。

见于古籍记载的碣石山有好几个，《禹贡》冀州、导山和北山经三处所见碣石实各有所指，蒙氏不知，遽以为同指渤海北岸秦皇汉武所登的碣石，即《禹贡》导山的碣石，从而得出的海岸西移，《山经》所反映的时代在《禹贡》之前的推断，当然也不可信。

《山经》虽专载山川，但名山大川不见于今本《山经》者多得很，江淮河济四渎中的淮水尚且不见于《山经》全书，北次三经中的聊水是否果如毕释即济水的上游沇水，也是问题。可见《山经》不载渠水，未必能作为其时尚无渠水的确证。《水经注》役水于中牟东北注渠，而渠水以北，又有济水，别濮水分河水东流，略与渠水平行，大河则更在别濮之北。若认为《山经》役水入河足证其时渠水未开，岂得谓济、濮亦未开？若说役水可穿济、濮二水入河，则何以役水可以说穿渠、济、濮三水入河，其时实际下渠水也已存在？蒙氏之说能否作为中山经作一起鸿沟未凿以前的确证既然还是问题，那么我们当然更不能像有的同志那样，据此便断言整部《山经》都写作于公元前360年以前的战国前期。

中山经虽然包括了中次九经所载巴蜀地区，但中山共十二经，只有九经一经是巴蜀山川，八、十、十一、十二四经属战国楚地，其余七经都在战国周秦韩魏之地，所以蒙袁二氏所说《山经》系战国楚人作品之说，当然也不可信。

然则根据《山经》的地域范围，应对《山经》的写作时地做出怎样的推断才比较合理？答案是：

论写作地点，应该肯定顾颉刚先生的周秦河汉之间说。

论写作时代，先得把顾先生的《山经》早于《禹贡》说颠倒过来，明确认定《山经》在《禹贡》之后。因为《山经》的地域既比《禹贡》大，记载也比《禹贡》详密，人的知识是逐渐进步的，地域大而详密的《山经》自应在地域小而简略的《禹贡》之后。至于今本《山经》中的许多山川方位极不正确，一部分当然是由于当时观察未臻精密，但主要是后世错简所造成的，不能据此便认为《山经》作者的地理知识不及《禹贡》作者。

断定《山经》在《禹贡》之后比较容易，要进一步定出《山经》写作的具体时代来是比较困难的。

就华夏诸国军事、政治势力达到《山经》中的边区而言，“东至于海”，春秋时即已如此，最早。北山经包括了赵武灵王北略胡地的全部地区和燕昭王将秦开所取东胡的部分地区，则已在战国后期公元前300年左右。南山经包括了秦始皇所开南越地的一部分，更在秦统一六国以后的公元前3世纪末。西山经超出了战国和秦时的以河为境，包有整个河西走廊，这更是汉武帝时代公元前121年匈奴浑邪王降汉以后的事。

我们当然不能认为一定要等到政治势力到达了这些地区，《山经》作者才能获得这些知识。边区地理知识不一定要通过军事征服、政权统辖到达该地才获得，往往在此前早已通过人民之间的来往，主要是为了通商而或由中原人亲历其境，或由接触到边区人民口传而获得。但这种人民之间的来往除个别特例外，一般是不见于记载的。所以我们只能做这样的推断：经过河西走廊通向西域，是从远古以来一条沟通欧亚大陆东西方的交通贸易大道，位于这条大道上的河西走廊的地理情况，完全可以远在汉武帝以前即已为中原人所知。至于北方的蒙古高原和南方的五岭以南，都是一些经济文化很落后的地区，中原和这些地区间的通商不会很早，通商亦当限于边境接壤地带，不可能深入其地。《山经》能对这些地区记载得相当详细，很可能是在中原政权征服了这些地区以后，即使早一点也早不了好久。因此，《山经》的具体写作朝代，估计不可能早于战国晚年，很可能已在秦始皇统一六国以后，也许是在对南越用兵尚未完全征服的过程中，所以《南山经》只见广东的山川而不见广西山川。

元人吾丘衍在其《闲居录》中说过：《山海经》“中间凡有政字皆避去，则知秦时方士所集无疑”。他说的是《山海经》全书，当然包括《山经》在内。他的说法正好和我们的研究结果相符。可怪的是，六七百年来，吾丘氏的卓识，竟绝不为人所重视，现在是应该予以确认的时候了。

《山经》地域虽然较《禹贡》九州范围大得多，但比我国现在的版图却又小得多。东北辽、吉、黑三省全部不在内，内蒙古、河北东北部也不在内，西北新疆最多只有东南一小角，绝大部分不在内，西藏全部、青海大部分不在内，西南滇、黔、桂三省全部不在内，川、粤西部也不在内，东南台湾不在内。既然四至都到不了现今的国界，当然不可能超载国界到达邻国，更不可能远越太平洋到达北美洲。

那么吴承志和一些欧美学者为什么会把某些《山经》山川误解在远离中土的绝域呢？大概有这么两个原因。

一是由于他们不理解《五藏山经》与《海外四经》实质上是一部著作的前后两部分，前者专叙海内山川，后者专叙海外，绝不相混，绝不复出。这一点蒙、袁二氏已经阐述得很清楚，无可置疑。所以《山经》里的山川，绝不能在海外，不可能在朝鲜、日本，更不可能在太平洋彼岸的北美洲。

二是由于他们不懂得本文上文所阐释了的：《山经》所载方位不尽可信，特别是里距的可信程度更差，经文中的里距一般都大于实距，有时甚至可大到九倍乃至十几倍。既然不懂得这一点，那就难怪要把首尾长达六千余里的西次三经的一些山川放到帕米尔、阿富汗去，把首尾长达万二千余里的北次三经的一些山川放到外蒙古和西伯利亚去了。

不过东山经四篇，二经、三经较长，各为六千余里，折合今里为四千余里，从山东半岛往东，四千余里只到得了黑龙江或日本，到不了苏联远东地区和库页岛，更不用说北美洲了。何况首、二两经，根本不是自西而东，而是自北而南，三经只有一山“又东水行千里”；西经中作东向、东南向、东北向的五山合计不过千一百古里，就是把东山四经的方向都作为“又东”，把里距连接起来，总数也不过一万八千余里，折合今里一万三千余里，可是太平洋两岸相距至少在二万四五千里以上！不管怎样算法，把东山经某些山川说成在北美洲、中美洲，把无皋山和幼海说成是北美加利福尼亚州圣巴巴拉的山头和海峡，那是无论如何说不通的。

《汉书·地理志》选释说明[①]

正史地理志是我国古代地理著述中最基本、最重要的一部分。二十四部正史中，有地理志的共有十六部。在十六部地理志中，《汉书·地理志》是值得我们特别重视的一种。这是由于：

第一，《汉书·地理志》是第一部正史地理志，也是我国第一部以疆域政区为主体、为纲领的地理著作。《汉书》全书的体例虽仿自《史记》，《汉书》的志就是《史记》的书，但《史记》八书中无地理一书，专为地理作志，始自《汉书》。《汉志》（《汉书·地理志》的简称，前人专讲沿革地理的著作，习惯上都简称各正史地理志为《汉志》《续汉志》《晋志》等）以前的地理著作，如《山海经》《禹

① 摘自《中国古代地理名著选读》第一辑，科学出版社1959年。

贡》《职方》等，一般都以山川为主体，以著作者所拟定的地理区域为纲领，不注重疆域政区，全以一朝某一时期的疆域为范围，把当时的政区建置全部记录下来，先立此为主体，为纲领，然后分条附系其他山川物产等项，就这样一种著述体制——我们可名之曰疆域地理志——而言，也是《汉书·地理志》所开创的。后世继《汉志》而作的各正史地理志，当然都是疆域地理志；就是六朝以后所兴起的、现存《元和郡县志》以下的历朝地理总志，内容虽较正史地理志有所扩展，性质并无二致，也是疆域地理志。《汉书·地理志》既然是疆域地理志的始祖，因而二千年来，所有这一类著作，不管它讲的是什么时代，什么地区（只要在《汉志》记载所及范围以内），如果它要推本溯源，追寻建置来历，最后必然要归结到《汉志》的记载上去。所以前人认为不读《汉书·地理志》，就无法从事历代疆域政区沿革的研究，这一看法基本上是正确的。

第二，《汉书·地理志》不仅是正史地理志中最早的一部，并且也是最好的一部。它的好处有二：其一，它在各郡县条下的附注，内容很丰富，计有户口数字，山岳陂泽的方位，水道的源流，水利的设施，具有历史意义的城、邑、乡、聚，重要的关、塞、亭、障，著名的祠庙、古迹，当地的特产，官家设置在各地的工矿企业等各项。后世的各史地理志，在个别方面间有超过它的，总的说来，往往反而赶不上它。其二，《汉志》在志末又辑录了西汉成帝时刘向所言的《域分》，朱赣所条的《风俗》，所谓域分、风俗，实际上是一篇以《史记·货殖列传》为基础，而予以补充、扩展、改编，比《货殖列传》更加完备的全国区域地理总论。以后的正史地理志大多数根本没有这一部分，只有《南齐书·州郡志》《隋书·地理志》《宋史·地理志》稍有类似的记载，但远不及《汉志》的全面而扼要。《汉志》既然具有这二大好处，因此它一方面是一个保存着许多珍贵的古代地理资料的宝库，另一方面又是我国地理学史中一部划时代的代表作。

第三，《汉书·地理志》的记述对象不单限于西汉当代的地理，它又“采获旧闻，考迹《诗》《书》，推有山川，以缀《禹贡》《周官》《春秋》，下及战国、秦、汉”；换言之，它不仅是一部地理著作，同时也是一部历史地理著作。汉以前古籍里所记载到的地名，很多都是由于《汉志》用汉地予以注释，因而后人才能知道它们的正确位置（但《汉志》的注释也有一部分并不可信）。所以任何人想研究西汉以前的古代地理，也都离不开这部《汉书·地理志》。

第四，《汉书·地理志》是以我国历史上最强盛的王朝之一西汉的全部疆域政区——东至今日本海，西至玉门、阳关，南至今越南中部，北至阴山——为记述对象的，所包括的地区范围既很辽阔，对边疆地区的记载也比较详悉。其他正史地理志也很少有赶得上它的。两汉隋唐时为我国中古时代的盛世，就以《续汉志》《隋志》《唐志》和它相比，《续汉志》地区范围大致和《汉志》相当，缩小得不多，但整个北边由于政区建制撤销了许多，记载就很简略；《隋志》《唐志》在东北、西南的地区范围都远不及《汉志》广阔，西北方面地区虽有所扩展，记载也不及《汉志》详悉。因此，《汉书·地理志》又是一部研究古代边疆地理的必读之书。

《汉书·地理志》是一篇具有重大价值的古代地理著作，但要读通它却颇不容易。其所以不容易，除了一般古籍共有的情况，即由于长时期的传抄翻刻造成了许多文字上、排列上的讹误错乱外，还有它的特殊情况。

首先是，志文往往失之过简，非经参证其他有关史料，即无从理解它的正确含义。

其次是，它有它一定的编撰义例，却又往往为例不纯，因而读者不仅应该懂得它的义例，又要能够辨别哪些地方是合乎义例的，哪些地方是不合乎义例的，才不致因泥于义例而转生误解。

再次是，它是一部地理著作，但编者班固对地理似乎并不曾下过多大功夫，他只是博采西汉以前地理学家的著述汇为一编，既无意于研讨前人记载是否正确，遇前人记载有异说时，也未能判断孰是孰非；更有前人记载本来不错，可是所载的地理情况到后来已发生了变化，班固不察，还是照原样纂录入志，因而使不同时代的地理情况并列于一篇之中，相互矛盾；这都给读者带来了许多困难。

最后还有一点，那就是由于志文很简略，又可能有错误，而古今的地理情况也可能有所变动，因而读者遇到志中记载和后世地理情况有出入时，就很难判断这一记载到底属于下列三种情况的哪一种：1. 古今地理情况变了，记载不错；2. 和实际情况并不相符，可是它确实反映了当时的地理知识水平；3. 完全是班固搞错的。这一判断做不出或做得不对，当然就会影响对《汉志》资料的正确运用和评价。

《汉书·地理志》的重要与难读，旧时代的学者早已注意到，曾经为志文的全部或一部做过注释工作的，不下数十家之多。清末王先谦作《汉书补注》又把诸家的注释汇于一篇，为近人读《汉志》提供了不少方便。但这些旧释往往失于枝蔓烦琐，并且这些注释家的功力多数都集中在校勘训诂方面，很少能够正确地指出原著的得失，注意到阐发原著的科学价值。这样的注释是不符合于当前的时代要求的。本释文的写作，目的是想在前人研究成绩的基础之上，取其精华，去其糟粕，并进一步有所提高，使《汉书·地理志》这一篇古代地理名著，能为现代青年学者所掌握，从而运用它为当前的科学研究——历史地理和地理学史的研究服务。限于学力，自知实际写出来的东西和理想中的目标距离尚远，诚恳地希望读者多多予以批评和指正。

《汉书·地理志》全志包括三部分：卷首全录《禹贡》和《职方》两篇，两篇之外又略缀数语，这是对前代沿革的简略交代；卷末是刘向的《域分》和朱赣的《风俗》，性质近似附录；中间叙平帝元始二年的疆域政区，计有一百零三郡国，一千五百八十七县、道、邑、侯国，才是全志的正文。

中国的古地图及其流传[1]

地理之学，非图不明。地图对表达地理情况所起的作用，往往比地理著作更大。我国具有悠久的制作地图的传统，在西周初期的文献记载和铜器铭文里，已有为营建洛邑而绘制的选定城址图（《尚书·洛诰》），为统治者指示“次序祭之”而绘的山川图（《诗·周颂》），记录重大军事行动的武王成王伐商图，表示王畿以东诸侯疆界的《东国图》（宜侯矢簋铭）等，足证在此以前必曾已有一段较长时间的制图技术发展过程。尽管目前还没有在原始社会遗存里发现过地图实物，也没有在甲骨文卜辞里找到有关记载，但我们不能排除我国在原始社会晚期、奴隶社会早期已有地图的可能性。

《周礼》中《天官》《地官》《春官》《夏官》等篇所载

① 选自《〈中国古代地图集〉序》，原载《文物》1987年第7期。

地图品种极为繁多，有包括当时所知“天下”“九州”的大面积图，有一遂（一万家）乃至一闾一里（二十五家）居住区的小地区图；内容则有山林、川泽、丘陵、坟衍、原隰等地貌，有邦、国、都、鄙、乡、里等政区，有农、林、牧、矿、动植物等物产，有交通路线，或民族分布，有可以据以判决闾里争讼的土地图，有贵族和庶民的墓葬图，等等。《管子·地图篇》所载地图精确度极高，战争时可据以审知道里远近、地形险要，决定行军路线，举措先后。《周礼》《管子》所说到的地图有一部分可能出于作者想象，未必实有；有一部分当系二书写成时代即战国时代的实况，也有一部分很可能反映了西周、春秋时的情况。

自秦汉至明清，地图的制作随着时代的进程日益普及、发展。单就唐宋时代而言，当时定制，全国各府州每三年或五年都要绘制一次本州地图，和本州的版籍一起上报尚书省。唐、五代、两宋以六百年、三百州，平均每四年一造送计，即有州图共四万五千。宋咸平后又令诸路十年一上本路图，则两宋又当绘有各路地图数百。尚书省由兵部职方司掌管各地送到的地图，并将各地的图拼合画成一大幅“天下图”，唐五代称为“十道图”，宋改称“九域图”。除统治所及地域内的政区图外，又画有域外的“四夷图”。域内外合起来画为“华夷图”。除疆域政区图外，又有边防、屯牧、邮驿、河渠水利等特种图。除政府各机构和各级地方政府所绘制者外，又有学者私人所制作的各种地图，包括有突出成就的裴秀《禹贡地域图》、贾耽《海内华夷图》、朱思本《舆地图》等。总之，在这二千多年中曾经制作出来的地图应以万数计，其中有名目见于各正史艺文志、经籍志、纪、传和唐宋以来类书以及诸家书目、其他记载的，则不下数百种乃至上千种。

中国自古以来重视图不下于书，故图与书合称“图书”或“图籍”，用以包括所有的传世文献资料。从历史时期的记载看来，图与书确是长期以来都受到同样的重视。可是，古籍在历经千百年来天灾人祸之余，流传至今的约计达十余万种，论卷数则应达数百万。而古代地图若以一幅图抵一种书，则流传下来的不及古籍百分之一；若以一幅图抵一卷书，则只有古籍的千分万分之一。古地图流传至今为什么这么少，推原其故，当由于：

一、图的摹绘比书的传写要难得多，所以图的摹绘本一般都要比书的传写本少得多。流传到后世的机会相应地减少。有些见于记载的图也许本来只有一幅原制品，从没有复制过：这种以孤本的形式保藏起来的图，其存在时期当然不可能很久。

二、古代的制图技术还不大可能在等大的缣帛或纸张上，用多种不同比例尺来画出面积大小不同、内容多少不一的地图来，图幅的宽度长度一般都得跟着所画地域范围的大小和内容的多寡而或大或小或长或方。各种地图图幅大小和形状的差别很大，所以只能都以单幅形式收藏，难以装订成册。这就比成册成函的书籍保存起来难得多，一遇事故，更容易损失。有些地图如晋裴秀所见司空所藏“旧天下大图”，用缣八十匹；唐贾耽所制《海内华夷图》，广三丈，纵三丈三尺。这么大的图幅，当然极难长期保存下来。

三、历代书籍或藏在官府，或散在民间；散在民间的比重大致随着时代的推移而逐步增加。因而古书的大部分虽在多次劫难中被毁灭了，却还能有小部分保存下来。古代地图则几乎全部是收藏在官府里的，民间藏有地图虽不能说绝无，必然是很少的。因而劫难之来，凡是画在竹、木、纸、帛等材料上的地图，即无一能幸免于难；幸存下来的，只能是刻在石碑上的，或埋在坟墓里的。

四、还有一点就是古代的零碎文字资料可以被汇编为一部经而流传下来，可以被采入一朝的正史而流传下来，可以被缀辑成一部书而流传下来，而这几种“可以”对难以摹绘、大小不一的单幅地图而言，却都是不存在的。所以不仅经书里没有图，就是地理专著如《汉书·地理志》《水经注》里，也都是只有文没有图，尽管班固、郦道元都看到过不少前代和当代的地图。这就注定了古地图能否流传下来的命运，完全取决于原制品和当时少量的复制品能否经历千百年来多次天灾人祸仍然保留下来。而事实上这种可能性是不存在的，除非已刻在石上或埋在地下。

正由于地图的流传要比书籍难得多，因而传世的地图不仅数量很少，年代也较近。近代学人所能看到的最早的地图，原来只有八百多年前宋代人所绘制的几幅。直到1973年在长沙马王堆三号汉墓出土了埋葬于汉文帝十二年（前168年）的画在帛上的地图，才使我们看到的古地图实物，一下提早到二千一百多年前。但比之于三千多年前的见于《诗》《书》和甲骨钟鼎的商周文字记载，仍然要晚上千把年。并且，自汉文帝至北宋后期之间一千多年，至今也还找不到一幅符合严格意义的地图。

二千一百多年前的一幅地图①

长沙马王堆三号汉墓出土的图书资料非常丰富，除了大批帛书和简牍外，还有一些用帛绘制的图幅，其中特别值得注意的，是两幅地图。

见于记载的我国古地图，可以上溯到三千年前西周周、召二公营建洛邑时画的洛邑城址附近地形图。春秋战国以后，历代官私制作的各种地图，为史籍称引所及者，更不可胜数。但是，由于地图的摹绘要比书籍的传抄困难得多，古地图流传存世的机会远比古籍为少，所有北宋以前的地图，早已全部失传。长期以来传世的我国的古地图，最早的只有保存在西安碑林中的两幅石刻图，即刘豫阜昌七年（1136年）上石的《华夷图》和《禹迹图》，去今不过八百多年。现在这两幅地图既然

① 摘自《二千一百多年前的一幅地图》，原载《文物》1973年第2期。

是出土于西汉文帝十二年（前168年）下葬的马王堆三号墓中的，其制作年代去今已二千一百多年，比西安碑林中那两幅石刻图早了一千三百年。单凭这一点，已可见这两幅图的无比珍贵了，何况图的内容又为我们提供了许多制图学史和历史地理方面的重要资料！

这两幅图中的一幅，画有山、水、居民点和道路等，相当于现代的地形图，大约就是汉代通常所说舆地图。另一幅除同样包括要素而采用不同的画法外，又画有某某军某某军的驻所，可姑名之为驻军图。本文仅就那幅舆地图在制图学史上的意义做些初步探索，关于它的历史地理研究方面所具有的价值与作用，笔者将在另一篇文章里再做讨论。

原图被折叠成多层长方形，收藏在三号墓椁室东边厢的漆奁里，出土时已腐烂破碎得像一块豆腐渣一样。各层的折边部分全已断裂，彼此不相连接。经故宫修裱工人师傅精心操作，在一层层揭开后将碎块一一予以粘连，才裱糊成为三十二张帛片。每张帛片宽二十四厘米、长十二厘米左右。

由于这幅图所用的帛很薄，而画图的墨色很浓，经折叠压紧后，各层之间墨迹彼此渗染，同一线条、符号可以在三四片上乃至十多片上重复出现。墨色虽有深浅之别，但有时差别很小，很难辨别，这一方面为我们的复原工作带来了一定的困难，另一方面却是衡量我们拼接工作正确与否的重要依据。

在有关方面的通力协作之下，经过试用各种方法拼接，终于突破重重难关，拼成了一整幅图。横四片一排，共四十八厘米，纵八片一排，也是四十八厘米。原图比照片大一倍，是一幅纵横各九十六厘米的正方形图。在照片拼接图的基础上，删去各片上由他片渗透过来的墨痕，将能够辨认的线条、符号、注记尽量一一摹绘下来，并将山川的破损部分凡可以根据形势接起来的用虚线接上，就出现了一幅复原图。

《周礼·地官·司徒》：

> 大司徒之职，掌建邦之土地之图与其人民之数，以佐王安抚邦国。以天下土之图，周知九州之地域广轮之数，辨其山林、川泽、丘陵、坟衍、原隰之名物，而辨其邦国都鄙之数，制其畿疆而沟封之。

《管子·地图篇》：

> 凡主兵者，必先审知地图，轘辕之险，滥车之水，名山、通谷、经川、陵陆、丘阜之所在，苴草、林木、蒲苇之所茂，道里之远近，城郭之大小，名邑、废邑、困殖之地，必尽知之。

地形之出入相错者，尽藏之，然后可以行军袭邑，举措知先后，不失地利，此地图之常也。

《周礼》和《管子》二书大致都是战国时代的作品。据上引二书所载，则战国时代地图的绘制，应已达到了相当高的水平，这和《史记·萧相国世家》里讲到刘邦初入咸阳，萧何即收其律令图书藏之，刘邦因而得以“具知天下厄塞、户口多少、强弱之处”这一段记载，是相符合的。但西晋初年裴秀在其所撰《禹贡地域图》的序里却又这么说：

今秘书院既无古之地图，又无萧何所得，惟有汉氏舆地及括地诸杂图，各不设分率，又不考正准望，亦不备载名山大川，虽有粗形，皆不精审，不可依据。

裴秀对汉代地图的评价很差。按常理汉代的地图不应比秦以前的差，那么究竟是《周礼》《管子》的话对，还是裴秀的话对？过去我们看不到宋以前的地图实物，总认为我们所看到的南宋以后的地图水平还不很高，那么千年以前的汉代的千数百年以前的先秦的地图，当然只能更差，裴秀的话应该是可信的，而《周礼》《管子》的话未免有些夸张失实。

当我们把马王堆三号汉墓这幅图复原出来之后，才知道我们先前的想法并不正确，至少不完全正确。

图中已经有了统一的图例，居民点采用两种符号，县治用方框表示，乡、里用圆框表示，细而均匀的线表示道路，粗细不等而有弯曲的线表示水道。山脉一般勾出逶迤转曲的两麓，中间加画横细线；遇大山则按山体勾出其盘亘范围，中间细线画成层层重叠状。居民点的注记都在符号（方框或圆框）之内。水道的注记多数都在下游将近与他水汇合处，有些重要水道并在发源处加注“某水源”，少数也有注在发源处的。道路和山脉都没有注记。

像这种画法和传世的南宋以后古地图相比，显然决不能说处处赶不上后者，有些地方还要比后者强些。

山脉的画法特别值得赞赏。这种画法接近于现代的等高线法，要比宋以后直到明、清经常被采用的人字形画法或山水画中的峰峦那样的画法都强得多。居民点符号用方圆区别政区的等级，也一直沿用到近几十年前。地名注在符号即方圆框之内，只要能够容纳得下，那就不比近代地图注在符号旁边坏。特别是在居民点稠密处，注在符号内不会造成误读，显然比注在旁边强。居民点注记加方圆框而水道注记不加框，比之于阜昌《华夷图》和《禹迹图》不分府州县山川一概只注记不用符号，南宋黄裳《地理图》凡有注记一概加框，不能不说是后出的宋图反而不如这幅汉初的图。

水道注记有一定的位置，更是一个显著的优点，近代地图一般都未能办到这一点。道路除特殊情况外，本用不着标名。唯有山脉不标名这一点，是这幅图在图例方面一个重要缺点。可能有些山当时还没有名称，但已经命名的应占多数。图中竟连名见于《楚辞》《山海经》相传为舜陵所在的九疑山也不标名，这是很不应该的。

九疑山南画着九条柱状地物，柱后画有建筑物，旁注“帝舜”二字。据《水经·湘水注》，九疑山“南山有舜庙，前有石碑，文字缺落，不可复识”，这座建筑物当即舜庙，九条柱状物当系舜庙前的九块石碑。将著名建筑物夸大地画在地图上，这是古今地图惯用的手法，并不足怪。

关于图的详确程度，全图应划分为三大区，其中二大区又应各分为二小区，各区情况不同，不可一概而论。

一、深水流域的营浦全县、舂陵南半县、泠道中西部大半县，龁道西半县，是这幅图的主区。三号墓随葬器物中有弓矢剑戈矛等兵器，墓主人利仓之子当系长沙国的一员将领，这一区域很可能就是他生前的驻防区域。在此区域之内所有山川聚落都是他本人或他的部下亲身经历过的。这部分地图应是根据实地考察所得绘制成的，所以画得最详细也最精确。居民点除县治外，还画了乡里。遗憾的是没有画出地区界线，长沙国界和县界都没有画。山脉如九疑山周旋盘亘数百里，图的北端是《水经注》所谓营阳峡，两岸山势紧逼深水两岸，画得都十分醒目而逼真。水道的曲折流向，基本上、甚或在很大程度上接近于今地图。可惜的是有许多乡里名和水道名已漫灭不可辨认。

水道画得是否准确，最足以说明地图的精密程度。下面试以图中这一区域内的水道与今地图相比勘。

上述诸水的屈曲轮廓，大体都接近于今地图，有些部分几乎没有什么差别。各水支流注入干流的次序，也都符合于实际情况。当然也有画得不很准确的，如犖江、贝江之间的距离应扩大；参水即今岭东河画得太短；花江画得太长；泡水、东江上游都应作西北流向；等等。但这些毕竟都是小毛病，在近现代图中有时也在所难免。所以总的说来，这幅图的主区部分准确性很高，下这样一个结论，绝非过誉。

在这一区域内，大致是按十五万分之一至二十万分之一之间的比例尺绘制的。

上述情况足以证明，裴秀把汉代地图不加区别地一概说成是“不设分率”“不考正准望”“不备载名山大川”“不精审，不可依据”，是不正确的。他之所以把汉代地图说得那么不像样，可能是由于他所看到的都是一些画得差的，没有看到过画得好的，也可能是他所说的专指汉代的全国总图，而总图由于范围太大，准确性当然要比小范围的图差，也有可能他是在故意贬低前人的成就，借以抬高他自己所画的《禹贡地域图》的身价。

总之，在未看到这幅图之前，我们是不免要误信裴秀的话，简单地认为汉代地图的制作都是“殊欠精当”（王庸《中国地理学史》第二章第三节）的，当然也很难想到在二千一百多年前的制图水平会达到这样的高度，尽管只限于一个较小的地区范围之内。

二、深水流域的舂陵北半县，泠道县东部小半县和舂水上游的龁道东半县，以及南平县治一带，是这幅图的近邻甲区。都庞岭以西在今广西境内的桃阳、观阳二县，湘粤分水岭以南在今广东境内的桂阳县，是这幅图的近邻乙区。近邻区应已不在三号墓墓主人驻防范围之内，但仍在长沙国封域之内。所以仅仅画出县治和一些道路，不画乡里。甲区与主区之间无大山大川之隔，制图者对这一带的地形还是比较了解的，所以对舂陵、泠道、龁道、南平四个县治的位置还是画得很准确。只是水道已画得较差：缺画自泠道县治西流注入泠水之水；罗水即今都溪水，上游画得太短；舂水即今锺水，画得太直。乙区与主区之间隔着都庞岭和湘粤间的分水岭，作图者对它了解更差，因此，桃阳、观阳二县境内水道完全不画，桂阳境内画了一条发源县北流经县西的水，应即《汉书·地理志》桂阳县下的洭水，今名连江。可是连江本东南流注入北江，图中错画成西南流。县治的位置也画得误差较大：桃阳即《汉书·地理志》洮阳，故城在今全州县西北三十五里，图中偏南约达32分；桂阳故城即今连县治，图中偏东约10分。观阳故治因不见记载（见于《水经·湘水注》的观阳县，系孙吴所置，未必即汉初故治，且《湘水注》只说观水西北径观阳县西，亦无从推定其准确方位），无从考核。

三、图幅西南部10、12、18和南部26、29、2至5共十一片所包括的地区（帛片图幅的号码是根据故宫的原编号），是远邻区。这个地区已超出了长沙国封域，属于秦末以来割据岭南的南越王赵佗的辖境。因此这部分图的内容既不画乡里，也不画县治，这么大的地区只注上了“封中”一个地名，海岸不画曲线而画成一个半月形，水道全无注记，且极其粗讹；山脉道路完全不画，其详细程度又不及近邻区；精确程度更谈不上。裴秀所谓“虽有粗形，皆不精审，不可依据”，如果用以评价图中的这一部分，倒是相当合适的。

不过同在这一部分里，又该分为甲乙两区。甲区是靠北接近主区的那几片，这上面的水道，如10片上的指令掩水上游，21片上的指瀑带河上游，自21片东流经26片至29片的应指富川江，自18片南流至29片与富川江相会的应指流经莲塘一水，28片上自东北角向西南流一水，可能指大宁河；尽管掩水、瀑带河上游并没有伸展得这么远，富川江、莲塘水的会口东去大宁河的实际距离要比图中所画的近得多，大宁河上源与连县城下的水并接不起来，画得误差很大，但毕竟还是有所指的。乙区是靠南近海那几片，这里离主区更远，制图者想必是除了知道有几条水南注大海以外什么都不知道，那就难怪会画得简直不知所指了。

在一幅图中主区详密而邻区疏略，近处精确而远处粗讹，这是在单凭制图者亲身经历所获得的地理知识，而没有邻区远处的地理地图资料足资利用的条件之下，所绘制出来的地图的很自然的现象。这种现象屡见于传世的南宋以来晚清以前各种地图，毫不可怪。例如，阜昌石刻《华夷图》是根据著名的唐贾耽《海内华夷图》缩制而成的，图中所画远处的自玉门关以西至葱岭地区，即远比近处的玉门关以东地区简略，比例尺缩小了约三倍。一直到清代中叶，除实测的内府舆图以外，仍有多种“中国一统舆图”将内地十八省画得占整个图幅的十之十八，边疆东三省、蒙古、新、青、藏地区仅占十之一二，国外远至英吉利、美利坚也仅占十之一二。因此，我们决不能因为马王堆这幅图的第二部分即近邻区画得不很准确，第三部分即远邻区画得很不准确而低估它的价值。正确地评价这幅图的价值，应该以它的第一部分即主区为依据。上文业已阐明了这一部分的精确性是相当惊人的。由此可见，这幅图在我国制图学史上的地位是很突出的，它不仅是一幅截至今天为止我们所能看到的最古的地图，同时又是一幅足以显示我国制图学早在二千多年前业已达到的高度科学水平的地图。

这幅图上除线条、符号、注记外，绝无一句文字说明，这一点也很值得注意。过去有人研究中国地图史，认为古代地图制作粗陋，单靠图表示不了应具的内容，必须附有相当数量的文字说明。这幅图的发现，根本推翻了这一臆说。

上面我们是拿这幅图来和现代最精确的图相比，那当然要差一点。要是拿这幅图来和采用现代测绘技术以前的旧图相比，那么就这幅图的主区部分而言，就绝不比任何图差。即如《嘉庆重修一统志》的永州府图和以《内府舆图》为蓝本的《大清一统舆图》的这一部分，便都不及此图准确。

综上所述，可见这幅埋藏地下二千一百多年的地图的出土，其意义是非常重大的：它的时代是那么早，比以前传世的我国最早地图《华夷图》《禹迹图》早了一千三百多年，为地图学史提供了最早的实物资料，此其一。它的准确性是那么高，从而为我国地图学史增添了极为光辉的一页，使人们不至于再为裴秀的“汉氏地图”“皆不精审”这一不符合实际情况的说法所迷惑，此其二。它的内容既然准确又详细，我们得据以窥见西汉初年这一地区的政治经济概貌，从而解决若干历史地理上的问题，此其三。这三点都是很重要的，但本图的价值还不限于此，如注记用的字体，测绘的方法、技术及其所用的工具等，也都值得加以研究。

中国古代历史军事地理著作的不足[①]

军事地理学研究军事与地理条件之间的关系，是人文地理学的一个分支，也是军事科学的一个组成部分，其研究成果对指导军事行动具有重要意义。了解古代的军事地理是更好地认识当代军事地理的重要条件，因此，历史军事地理学也是军事地理学中不可或缺的一部分篇章。

《孙子兵法》十三篇，其第十篇《地形》，讲到军行所属的通、挂、支、隘、险、远六种地形，第十一篇《九地》讲到作战地区在整个战争中所处的散地、轻地、围地、死地等九种地理位置，从而一一论述了为将者应采用何种因应之道，应付对了就可能得利、取胜，否则只能受损、取败。《管子·地图篇》讲到凡用兵必先“审知地图”，了解战事范围内的山川、

① 摘自《〈河山集〉第四集序》，原载史念海主编《中国历史地理论丛》1988年第3辑。

陵阜、草木、道里远近、城郭大小等各种地理因素，“然后可以行军袭邑，举措知先后”。可见早在春秋战国时代，我国的军事家们已十分重视军事行动与地理环境之间的关系。

遗憾的是古人写过多少、哪些军事著作，现在已无法查考清楚。在各史艺文志和历代各种书目中著录了大量的地理类和兵家类书目，这些书的绝大部分早已亡佚，光从书名上看是看不出其内容是否有军事地理方面的篇章来的。就留传至今的不多的有关军事地理的著作而言，除了研究明史的专家可能要注意到明代几部为防御北虏南倭的入侵而编著的有关“九边”和东南海防江防的著作，一般学者所熟悉的，大致不外乎北宋仁宗时官修的《武经总要》和清初顾祖禹的《读史方舆纪要》二书。

《武经总要》四十卷中，“边防”占了五卷，这可能是今人能看到的最早的军事地理专著。其前半部北边部分，即河北、河东、陕西等路与契丹、西夏接壤地带的山川、聚落、关津、道里，颇为详悉；聚落载及有户若干，把守兵丁若干，道路载及通骑或仅得步行通过，塘泺载及广袤浅深几许，应是为当时的边境军事防御而编集的实地调查记录，弥足珍贵。唯后半部四川、荆湖、广南部分，当由于仁宗朝以前边境基本无事，故所载大都抄自唐代旧记，既不能反映当时实际情况，又较简略，其价值远较北边部分为差。

《读史方舆纪要》是一部综述上古至明代域内域外的历史地理的不朽名著，内容自疆域变迁、政区沿革，至山林川泽、城郭都邑，无所不载；而其主要功力则端在阐述地形夷险，纵论攻守、经略、控制的形势执宜。故全书一百三十卷，首九卷按时代叙“历代州域形势”，即从地理角度论述历史上各个政权的兴亡成败得失之陈迹，此下除末七卷为川渎异同、天文分野外，中间一百十四卷按明制两京十三省兼及其塞外，分地域叙政区沿革、山川城邑的方位里距与历史故实，而重点则仍在各京、省、府、州下详究其关山险阻，考求其形势利便与古今用兵史事。所以若把此书目为中国古往今来最重要的一部历史军事地理著作，应该是并不过分的。

可是顾氏此书尽管网罗了二十一史、历代地理总志和半数以上郡县志的资料，考核精详，编次有法，却存在着一个很大的缺点。他是一个生长于宛溪（无锡虞山常熟），大半辈子闭户读书，“足迹不出吴会（苏南和浙江）”的书生。年二十九创为此书，经二十年而书成。《自叙》谓“未尝溯江河，登恒岱，南穷岭海，北上燕冀”，“间有涉历，迫于期限，不获放旷优游，博观广询”。他曾到过“吴会”以外的福建、北京，可能即包括在“间有涉历”之内，对他的书不产生什么影响。

因此，整部书可以说全是整理疏通历史文献的成果，未能证之以实地调查考察。文献记载疏误之处，部分可能通过考证得到纠正，多数便只能以讹传讹。

在顾宛溪著《方舆纪要》之前四五十年，是伟大旅行家徐霞客（弘祖）遍历全国两京十二省（独四川一省未到），记下他的不朽旅游实录《徐霞客游记》之时。徐氏在地理考察方面所取得的成就是震古无比的。“他的游记不像是17世纪学者所写的东西，倒像是20世纪的野外考察记录”（英国科技史专家李约瑟语）。徐顾二氏同处于17世纪，二氏之书可并传不朽，而所用方法却刚好相反。顾书详形势而略名胜，徐书则专事探索胜景，不问形势。所以这部根据实地考察记下来的游记与军事地理无涉。徐氏在旅途中所得而参证的历史文献大致只限于《大明一统志》和当地府州县志，他也并不想援古证今，盱衡战守形势，推究经略控制之道，所以更与历史军事地理无涉。

以上所说的是在数千百年的中国学术史上，并没有产生过一部能将历史文献和野外考察结合起来研究的历史军事地理著作。

郦道元的地理学贡献[①]

《汉书·地理志》和《水经注》是两种具有重大价值的中国古代地理名著。中国文化宝库中能拥有这两部名著，当然得归功于班固和郦道元。但班、郦二人的贡献，主要不在于二人自己的撰述，而在于他们把许多有价值的原始地理著作搜罗汇编在一起，从而使这些宝贵资料不至于散佚失传，得以传诸后世以至于今。要是没有班、郦，这么许多价值很高而知识性篇幅短小的原始作品就不可能流传下来。

古今有许多学者认为，全部《水经注》内容除一些注明引自前人著作的词句外，便都是郦道元根据他自己调查、考察、研究所得写下来的，这是极大的误解。实际郦道元的足迹非但到不了南朝境界，就是在北魏境内，据《魏书》本传所载，也

① 摘自《〈中国古代地图集〉序》，原载《文物》1987年第7期。

只到过很有限的几处。当然他到过的地方可能会比列传提到的多几处，但他自己在《水经注序》中就说过“少无寻山之趣，长违问津之性”，他的治学方法是“默室求深，闭舟问远”，可见他绝不是一个大旅行家，更不可能是一个从事大范围实地考察的地理工作者。《水经注》这部书是怎样写成的呢？他在自序中也有所交代，那是“窃以多暇，空倾岁月，辄述水经，布广前文”，“脉其枝流之吐纳，诊其沿路之所躔，访渎搜渠，缉而缀之”。原来他是根据“前文”即前人作品所载水道源流和两岸经历，一渎一渠地缀辑下来的。可见郦注和班志一样，主要贡献也是在于郦道元纂集了大量的前人地理著作，而不是根据他自己亲见亲闻所记下来的那一小部分。

有些人可能会说：郦注在引用前人著作时不是都交代清楚了吗？虽然引书多至四百多种，但引文所占全书篇幅并不多，不能因此就认为这部书的性质属于“述而不作”。殊不知古今撰述体制不同。今人著书写论文凡引用前人、他人的著作，不论是整节或一句两句，都必须打上引号，注明出处，不这样便公认为是不严谨、不道德的行为。古人可没有这样严格，引用前人著作可以交代出处，也可以不交代，一随行文的方便。《水经注》正是这样做的。郦道元自己在序中说得很清楚，他是在“布广前文”，他当然可以大段整节移录“前文”，无需一一注明引自某书。例如，《江水注》中描述三峡景象的从“三峡七百里中”至“猿鸣三声泪沾裳”那一段，脍炙人口，向来被人们选为显示郦道元文学造诣的代表作；其实这一段是从盛弘之《荆州记》里抄过来的（见《太平御览》卷五十三），并不是郦氏自己的创作。但在郦氏则认为可以径行采用，用不着交代出处。这是当时的习惯，并不可怪。一部《水经注》记载到的地域范围是那么辽阔，每处又都要既写地理情况，又写历史事迹，有些段落又描述得那么细致，这绝不是凭个人的经历所写得出来的。所以全书采用前人著作而不注明出处的部分，肯定要比注明出处的那部分多上几倍。这也就是说，郦注基本上是一部地理著作的汇编，并不是个人的创作。

这样说决不是贬低《水经注》的价值，蔑视郦道元的贡献。《水经注》之价值连城，正在于它汇集了郦道元所见到的数以百计的两汉六朝地理著作中的大量资料。郦道元对中国古代地理学做出了杰出的贡献，正是由于他的搜罗整理汇编，才使大量久已失传的原始地理著作中的一部分宝贵资料，得以流传下来。

近代杭州的学风①

江、浙、皖三省的大江南北、浙水东西一带，是近三百年来中国学术的中心区域，重要学者十之八九都生长于斯，重要学说大都自此发射其光芒。虽是北方学者在明清之际，湖南学者在清代中叶以后，都曾在学术界上占有相当重要的地位，但从大体着眼，一代文化中枢，毕竟始终在东南。在此中枢之内，各地又由于山川孕育之有异，一时大师所倡导的不同，衍而为若干特色的学风区。以浙江一省而论，浙东自成一区，浙西杭（州）、嘉（兴）、湖（州）与苏省苏（州）、松（江）、常（州）、太（仓）同处太湖流域，学风亦大致相似，故自来言清代学术者皆视江南、浙西为一个区域。章实斋在浙东学术篇内，比较两浙学术的异同，即以籍隶江苏之顾

① 原载《浙大校刊》，1947年4月5日《东南日报》转载。

亭林代表浙西。再就浙东、浙西而论，则浙东之宁（波）、绍（兴）之与温（州）、台（州）有别，浙西之嘉、湖与杭州亦有别。嘉、湖学风诚然与苏南之苏、松、太略同，而杭州则自成一型。杭州于浙西已属边缘地带，隔钱塘江与浙东学术中心的宁、绍相接，故其学风虽以浙西为素地，同时又深受浙东的影响，实际上可说是两浙学风一个混合区，由混合而融合，迨其融合而后，遂自成一型，既非浙东，亦非浙西。作者纵观三百年来学术史，深觉杭州学风实有其特殊色彩，兹值求是书院五十周年纪念，浙江大学二十周年校庆，用述斯篇，以告在杭州在浙大从事学术工作诸君子。

自明末历清初顺、康以至雍正，为时约百年，这时期学术界的主流是承宋明之绪，讲求理学，主要的争端是程、朱与陆、王。大抵浙西宗程、朱，大师有陆桴亭（世仪）、张杨园（履祥）、陆稼书（陇其）、吕晚村（留良）等，浙东宗陆、王，大师有刘蕺山（宗周）、黄梨洲（宗羲）、沈求如（国模）、陈悔庐（汝咸）等。其时杭州的理学家最著者有应潜斋（撝谦）、沈甸华（昀）、姚敬恒（宏任）、秦开地（云爽）、施赞伯（相）、桑弢甫（调之）等。潜斋、甸华、敬恒、弢甫并以程朱学闻，学风同于浙西，但诸人用力处都在躬行实践，而不在卫道，不在尊朱黜王，此与陆稼书、吕晚村有异，与康、雍以下一般儒生仰窥朝廷意旨，以尊朱辟王为梯荣捷径者，更截然不同。至于开地、赞伯二人，则调停朱陆，不立门户，迥非纯正浙西学派面目。开地初治阳明之学，后乃归于紫阳，但仍谓良知之说“不可谓非”“有功吾道”。又谓“先儒所见各有不同，吾人最无如为己，若窃卫道之虚名，竟立相持门户，开罪名教，不敢效尤”。最可以代表杭州不偏不倚的精神。赞伯同时与程朱派的应潜斋、陆王派的鄞县万公择（斯选，梨洲之弟子）相交，故其论学亦能持朱陆之平，此又可见地理环境对于杭州学风的影响。

理学而外，清初在明季遗民钱牧斋（谦益）、吴梅村（骏公）倡导之下的辞章之学，顾亭林倡导下的经学，也成为一时风气。但此风只以浙西为中心，浙东自黄梨洲以下即尚史学，康熙中其弟子万季野（斯同）尤为海内史学祭酒，亦与浙西不同。其时杭州及浙西之风，以诗文震烁一时者先有柴虎臣（绍炳）、陆丽京（圻）、毛稚黄（先舒）等西泠十子，继有吴庆伯（农祥）、吴志伊（任臣）、王仲昭（嗣槐）、章岂绩（藻功）、龚天石（翔麟）、洪昉思（昇）等。岂绩的骈体文与宜兴陈其年（迦陵）、江都吴兰次（绮）并称为海内三大家，昉思有《长生殿传奇》与曲阜孔云亭（尚任）的《桃花扇》齐名，时称南洪北孔。同时又有邵戒三（远平）、陆云士（次云）、姚鲁斯（之驷）等，与庆伯、志伊二吴并以博洽著闻，而所致力者大率在史学。庆伯谙于明季掌故，甲申以后两浙殉命诸人均为作传；志伊有《十国春秋》，以淹贯称；戒三有《元史类编》，朱竹垞誉为非官局所能逮；云士有《八纮绎史》《峒溪纤志》，备载西南风土之异；鲁斯有《后汉书补遗》《元明事类钞》，搜罗极博；而应潜斋作《教养全书》，体例略仿《文献通考》，于明事实所载尤详；是其风尚又与浙东略同。总而观之，则其时杭州之学人多出于文史之间，而浙西之辞章与经义异途，浙东之以理学为体史学为用，并有不同。

自惠（栋）、戴（震）崛起，专尚考据，主以六书、音韵、训诂、名物、通经名道、尊汉非宋、博古薄今，一时学者从风而靡。乾嘉两代，家家许郑，人人贾马，汉学掩袭天下，而以惠、戴之产地吴、皖为中心。并世树异帜者，只有皖北的桐城派主因文以见道，浙东的史学家重历史文献之学以求致用。这时期杭州的学风，大致可分两方面说，一方面是适应时代的潮流，产生了不少纯正的汉学家，如乾隆朝有专事校勘的卢抱经（文弨），有申郑斥王力辨《家语》之伪的孙颐谷（志祖），有著《尔雅补郭》的翟晴江（灏），有志《史记志疑》《人表考》的梁曜北（玉绳），又有曜北之弟处素（履绳），专治《左氏传》。嘉庆朝有金石学极精的赵晋斋（魏），有善于辑书之胡书农（敬），有著《周易郑注引义》的赵宽夫（坦），有著《小尔雅疏证》的严厚民（杰）。但一方面又有一批为数不下于纯正汉学家的知名学者，却抱着与时趋不大相同或者相反的识解与作风。

以作风而论，有沿袭着杭州本地旧来亦文亦史的作风：如乾隆初叶厉樊榭（鹗）、杭大宗（世骏）并以诗文冠绝当时。樊榭有《辽史拾遗》，采摭之富，或比之裴松之《三国志注》；又有《宋诗纪事》，又与同里符幼鲁（曾）等六人同撰《南宋杂事诗》，前者以史证诗，后者以诗述史，并为考史者所重。大宗有《史记考证》《三国志补注》《北齐书疏证》《续经籍考》《两浙经籍志》《词科掌录》等，又欲补《金史》，特构补史亭，成书万余卷。乾嘉之际有朱青湖（彭），诗名与吴圣徵（锡麒）相亚，著有《武林谈薮》《南宋古迹考》《吴越古迹考》。嘉庆中有钱金粟（林）亦以诗名，著有《文献征存录》，搜集当代人物掌故，颇有条贯。有好读经济之学多少受了浙东学派的影响的：如乾隆时汪西灏（沆）于农田水利边防军政，悉心研究，所著多通达治体，可见施行。金士奇（志章）亦留意边务，著有《两镇三关志》。以治《水经注》见称于时与戴东原齐名的赵东潜（一清），其学实远绍梨洲，（梨洲有《今水经》。东潜之父功千，为梨洲弟子，穆堂挚友，能诗，与厉樊榭等并称七君子。）接近谢山，（少禀父命学于谢山，从事根柢之学。）将以致用非为考古，故又有《直隶河渠志》之作，备载畿辅水利之源委兴废。又嘉庆时钱金粟亦能言辽金元兵制，足补史志之缺，尤于有清一代名臣言行及河漕盐榷、仓储平粜、海运、采买、灾赈、铜政、钱法、地丁、杂税诸大端，靡不熟究。

以识解而论，如乾隆时的文坛祭酒袁简斋（德清籍，居杭州）即颇不以当时经学考据的潮流为然，尝谓“古有史而无经”“周、孔复生，必不能抱六经以自足”。嘉庆初的许周生（宗彦），为汉学护法阮芸台（元）的门下士，两人又为姻家，而论学谔谔不苟合。他不以由训诂明道之说为然，不主张趋天下才智之士，毕精竭虑于“所得盖小”的形声校勘之学。说“使孔子生于今世，其所学者不过由明溯宋而已”“圣人之教学也，期于有用焉耳”。所以他言德主宜今而不主合古，论汉宋之学能持其平。芸台所创立的诂经精舍以汪汉郊（家禧）为举首，而汉郊言著书之旨，一以修己治人为本，谓“儒有郑康成而经明，有韩退之而用彰，有朱文公而体立。朱学之传，历久无弊”，“唐宋以来名儒各有精微，断不可一概抹杀但遵伏、贾”。又颇以郑氏之驳杂为病，又谓“汉儒经学以适用为贵，今时最宜亟讲者，经济掌故之学”。袁、许、汪三人议论，与浙东章实斋六经皆史、学术通今经世之说皆相印合。

论乾嘉杭州学风，有一事必须补叙，即诂经精舍之创立。诂经精舍的创立者是汉学护法大师阮芸台。芸台于乾嘉之际督学浙江（乾隆五十九年至嘉庆三年），即专以“经术”取士，又招集四方群士于孤山之麓纂《经籍纂诂》，集古训之大成。嘉庆初任浙江巡抚（初次嘉庆五年至十年，二次十二年至十四年），复就纂集《经诂》旧址，创立西湖诂经精舍，选两浙高才生肄业其中，聘孙渊如、王兰泉（昶）为掌教，祀郑康成、许叔重二人木主，一以由训诂名物求义礼为教。精舍以嘉庆五年创立，至光绪三十年罢撤，历百又五年，中间一废于嘉道之际，再废于鸦片，三废于洪杨之役，合计不过二十余年，八十年间掌故数易，然所讲课，始终不背芸台创立初意，与芸台在广州创立的学海堂，并称汉学二大结集。精舍所罗致的士子既遍及全省，所以精舍所创导的学风所被，自不仅限于杭州一地。嘉道而后，浙中以朴学知名之士接踵辈出，究其学历，什九与精舍有直接间接之关系。浙东向不为汉学所及，乃先后诞生临海洪筠轩（颐煊）百里（震煊）兄弟、临海金诚斋（鹗）、定海黄薇香（式三）儆季（以周）父子、瑞安孙仲容（诒让）诸人，二洪、诚斋、儆季皆精舍肄业生，仲容父琴西（依言）与精舍掌教俞荫甫（樾）同年知好，仲容少时曾侍父居杭三载。由此可见精舍对全浙学风影响之大。但精舍肄业生中之产生第一流汉学家，杭州之成为全国汉学中心，却不在嘉庆朝而远在同光以后，此点留待下文再叙。

自明末清初以至乾、嘉，杭州在全国的学术地位并不高，那时东南的，亦即全国的学术中心在浙西的苏、常，在浙东的宁、绍，在皖南的徽（州）、宁（国），在江北的淮（安）、扬（州），杭州只是一个二浙不同学风的接触融合点。这种融合学风自有其特殊价值，但并不能领导全国，另开一种新风气。杭州之成为东南学术中心，以新风气领导全国，实始于道光以后。自道光至光绪中叶是第一期，光绪甲午以后是第二期。

第一期开风气的大师是龚定庵（自珍）。定庵以治今文学著声当世，今文学的发祥地在常州，开山祖是武进庄方耕（存与），树立宗派的是武进刘申受（逢禄）、长洲宋于庭（翔凤），但今文学的发扬光大，震撼一世，成为时代的主流，取乾嘉以来经学考据而代之，则由于定庵与邵阳魏默深（源），而定庵尤为其魁首。前此常州今文学只讲经义（乾嘉考据学者所讲求的是经训），即所谓微言大义，至定庵始以经义讥切时政，以为学者的政论，百余年来为经学而治经学的信条，自此乃不复为一般学者而崇奉。汉学专制之局既破，举世学者闻风继响，至光绪朝而达于最高潮，遂有康长素、梁任公辈以今文学者大倡改制，参与实际政治，造成了戊戌政变。政变之结果新政虽见挫于旧势力，但今文学派与泰西新思想交相沾溉，同流合趋，毕竟使清季整个的思想界，步入了新境界。梁任公说："语近世思想自由之倡导，必数定庵。我见并世诸贤，其能为现今思想界放光明者，彼最初率崇拜定庵，当其始读定庵集，其脑识未有不受其刺激者也。"（见《论中国学术思想变迁之大势》）定庵学说对于时代思想影响之深巨，此数语洵属的评。然推定庵学术之来历，初非今文学一家之说演变所致。定庵早岁即倡识学合一之论，其文实章实斋六经皆史之说。盖六经既为先王之政典，则识与学自不可分；识与学既不可分，则学者之终极目的，自不得仅以学自足，必须发之以论政，施之于实用，始不负所学。然则定庵之学，因融合浙西、常州之今文学与浙东之史学而阐发新义，自成一型者也。

定庵既主学以致用，故好作经济谈，而最注意边事，有《西域置行省议》，至光绪间实行，即今新疆维吾尔自治区。又著录古图志，研究蒙古故俗，而附以论议。咸同以后，治西北史地之学，遂亦成为一时学界风气。杭州则有吴祁甫（承志），著有《唐贾耽记边州入四夷道里考实》；丁益甫（谦）著有《蓬莱轩舆地丛书》。

定庵之学影响波及全国，其在杭州，则同光之际有谭仲脩（廷献），亦以今文学家通知时事政制典礼，能讲求其义。稍后有夏穗卿（曾佑），与新会梁任公、浏阳谭复生（嗣同）同治龚魏之学，最相契，咸谓孔学自战国而汉衍为孔荀二派，二千年来之学皆荀子也，乡愿也，二千年来之政皆秦政也，大盗也，惟大盗利用乡愿，惟乡愿工媚大盗，盖自孟学绝而孔学亦微，于是专以绌荀申孟相号召。穗卿以此论史，著有《国史讲义》（商务版之《中国上古史》），风行清末民初。同时已有张孟劬（尔田），亦私淑定庵，著《史微》，深覈有通识。

道咸以后的杭州，一方面是发扬新风气的神经中枢，另一方面又有保守旧学术的坚强堡垒。东南汉学根据在苏常徽宁淮扬一带，自经洪杨之乱，故家破灭，典籍散亡，乱后多不复能振起。独杭州于同治初恢复诂经精舍，聘德清俞荫甫（居杭州之临平）掌教，垂三十余年之久。荫甫之学一宗高邮王氏，善于校勘训诂，所著《群经平议》《古书疑义举例》，即取法于《经义述闻》《经传释词》，精湛不相异，而博大过之。精舍弟子先有定海黄儆季，著《礼书通考》，集清代礼学之大成。继有余杭章太炎（炳麟），治声音训诂之学，应用乾嘉以来之研究法，而廓大其内容，延辟其蹊径，精核往往突过前人，有非清学所能范围者，影响近数十年来学界尤钜，而近今治新考据者不祧之祖海宁王静安（国维），虽非精舍肄业生，亦尝为文应精舍之课试以博膏火，即所谓附课生。清末以及民初之俞、黄、章、王，正可比之于清初之阎（若璩）、胡（渭），乾嘉之惠、戴、二王（念孙、引之父子），可见作为清学正统之古典考证学，时至晚清，其中心亦已由吴皖淮扬而至杭州了。

道咸以后的杭州，又不仅为经史之学的中心，同时又是科学的中心，即历算学的中心，历算学的中心，其先亦在吴皖，清初大师王寅旭（锡阐）吴人，梅定九（文鼎）皖人。王梅风流所流，学者风起，而什九皆籍隶浙西皖南，杭州可数者仅吴志伊一人。乾嘉时大师戴东原皖人，钱竹汀（大昕）吴人，戴、钱借历算以解经史，自后言经史考据之士，几莫不以历算为其副业，而考据学之中心果在浙西皖南淮扬，其时杭州以经生而明算者仅许周生一人。而以算学造诣衡量吴、许二人，在当时只能算得第二三流人物。王梅时代的学者功夫都用以发掘阐扬中国之古法，二者皆述而不作，因而勿创。嘉道以来承中西新旧各法整理融合之果，汪孝婴（荣）、李四香（锐）、董立方（佑诚）、罗茗香（士琳）辈，乃能进一步而有所发明，有所创造，至咸同而极盛，而其时斯学中心，也已移到杭州了。杭州自道光初即有项梅侣（名达），与甘泉罗茗香、乌程徐君青（有壬）同称海内算学祭酒。尝谓所贵学数者，不在守中西成法，般衍较量，要能推见本源，融合以通则变，发古人未发之藏。其论割圜术率，即远较向法为简捷。晚主讲紫阳书院，士论翕然宗之。然此算家力求超越古人，实深得梅侣诱导之功。稍后乃有戴谔士（煦）、夏紫笙（鸾翔）继起，与海宁李壬叔（善兰）、南海邹特夫（伯奇）为一时大师。谔士发明对数简法、外切宁率、假数测圆诸术，与广割寰捷法合为《求表捷数》一书，英人艾约瑟译之刊入伦敦算学公会杂志，欧西学者叹为绝业。国人科学著述之有欧译，自此书始。紫笙为梅侣高弟，尽传其学，别创曲线新术垂方捷术，晚年应聘同文馆教习，传其学于京师。项、戴、夏三人之算学，盖有非道咸以前所能范围者，与太炎、静安的经史文字之学，同具推陈出新之效，而并以杭州为其发射光明之地。

杭州之以新学风领导全国，光绪甲午以后是第二期。甲午战败，对中国思想界发生的影响至为深钜。朝野自此始知非变法不足以图强，非讲求西学不足以变法，而最先立兼讲中西学术之新式学府，则为杭州之求是书院。求是书院创设于光绪二十三年，去今适为五十年，北平京师大学堂的创办犹在是后一年。求是书院旋改称浙省求是大学堂，又改称浙江高等学堂，至民初停办。十六年即其旧址设立浙江大学，故求是高等，实即今日浙江大学之前身。关于求是高等、浙大的学风，祝廉先、陈布雷、张晓峰三先生各有专文叙述，兹不复赘。要之一个学府之成就如何，最正确的衡量就是看它造就了些什么人才。浙大的历史较浅，毕业同学离校未久，在社会上尚未能充分有所表现。就求是高等而论，据作者所知，即有蒋百里、黄膺白、蒋仲器、汪曼锋、邵元冲、程遗帆（万里）、何伯承（炳松）、沈士远、沈尹默、徐诵明、陈大齐、陈布雷、陈公侠（仪）、许季茀（寿裳）、邵斐子（长光）、赵述庭（迺传）、郑晓沧（宗海）、寿景伟（毅成）、蒋梦麟、祝廉先诸人，都是近数十年来知名人士，思想界的领导者。他们的成就方面虽各有不同，但其革不忘因，新不蔑旧，不偏不倚，择善而从，兼具中西新旧之长则同。作者以为这就是求是精神的表现，也就是五十年来的杭州学风。

实事求是精神不仅是五十年来杭州的学风，亦且为三百年来杭州的传统学风。何者？求是师求真，要求是求真，必先明辨是非真假，要明辨是非真假，关键首在能虚衷体察，弃绝成见，才能舍各宗各派之非之假，集各宗各派之是之真。读者但须覆按上文，便可知作者之言不谬。杭州学风在清初调停程朱与陆王，在乾嘉能持汉宋之平，在道咸能吸收浙东西学派之精义而别有所创，在甲午以后能融合中西新旧而无过激落俗之弊，此非求是精神而何？

浙大以求是为校训，求是之为杭州学风，渊源深远如此，故浙大学风之美，可谓得天独厚。学术之趋向可变，求是精神不可变。如何遵循传统精神以求适应时代，使杭州学术地位始终能保持道咸以来的领导地位，这是浙大在校师生毕业校友以及杭州学人所当共勉的。

王士性——杰出的人文地理学家①

我们的祖国是一个伟大的文明古国。几千年来，我们的祖先创造了各个方面的丰富文化，这是我们民族的宝贵遗产，可引以为骄傲。今天，我们应该在这份民族遗产的基础上，继承、发扬其精华，扬弃其糟粕，再吸收其他国家的先进文化，与自己的传统文化融合起来，创立我们社会主义时代的新文化。这是我们这一代学术工作者不可推卸的职责。近年来，许多同志对《徐霞客游记》进行了整理，写了研究文章，今天我们在这里开会纪念徐霞客，其意义也正在于此。徐霞客的爱国主义精神，和他的不畏艰危困苦，献身于考察祖国山河大地，探索真理的精神，他在地貌学、水文学等方面的成就，都是我们应该很好地研究、继承和发扬的。并以此为基础，再吸收国

---

① 摘自《与徐霞客差相同时的杰出的地理学家——王士性》，原载《纪念徐霞客论文集》，广西人民出版社1987年。

际同行关于这方面的研究成果，从而使地貌、水文等有关地理学科获得新的发展，为现代化建设服务。应该说，近年来这方面的工作取得了一定的成就，是可喜的。不过，继承、发扬和发展祖国文化遗产的工作我们还远远没有做到家，可以说还很差。从地理学而言，作为地理学家的徐霞客其人其贡献为世人所知，不能不归功于半个多世纪以前的丁文江先生。要不是丁文江在20世纪20年代末整理、重印了徐霞客的游记，画了图，并做了年谱，知道徐霞客的人是很少的，恐怕也就不会引起新中国成立以来对徐的重视。丁文江以后，地理学界谈到明代的地学史，都讲到并着重讲了徐霞客，这当然是对的。但是整个明代就只有徐霞客值得提，只有徐一个人对地学有贡献吗？这可不见得。这不能不怪我们重视文化遗产还很不够。值得重视、宣扬的文化遗产肯定很多，只是由于像丁文江那样的人太少，以致不少珍贵的东西被长期掩埋在故纸堆中，不为人所知。就明朝后期的地理学而言，我认为就有一位与徐霞客差不多同时，比徐早四十年的王士性（1546—1598年），在地理学上的贡献也很大。今天我借这次纪念徐霞客的机会，特地为王士性做一番表彰，希望引起今后地理学界特别是治地理学史的同志们的重视。

王士性，字恒叔，台州临海人，嘉靖二十五年（1546年）

生，万历二十六年（1598年）卒。比徐霞客早出生四十一年，死时徐才十二岁，所以只说差相同时，不能说是同辈。王士性的地理学著作有三种：一、《五岳游草》；二、《广志绎》；三、《广游志》。

《五岳游草》成书于万历十九年（1591年），名为五岳游草，实则记五岳之游只是全书十二卷的第一卷，其余各卷为：卷二大河南北，卷三吴，卷四越，卷五蜀，卷六楚，卷七滇粤，卷八、九、十诗，卷十一、十二杂志。游记与诗多描绘景物之作，杂志二卷则对各地的气候、风俗、声名文物（文化、经济）做了一些概括的比较。

《广志绎》成书于万历二十五年（卒前一年），目录作六卷，实为五卷，第六卷未成。一、方舆崖略；二、两都（南北两直隶）；三、江北四省（河南、陕西、山东、山西）；四、江南四省（浙江、江西、湖广、广东）；五、西南四省（四川、广西、云南、贵州）。《五岳游草》与此书皆刊于清康熙年间。《五岳游草》似无重刊本，《广志绎》则有嘉庆年间台州丛书重刊本，流传较少，近年中华书局有标点本。此外，又有《黔志》《豫志》两种，被收入清人丛书，因而亦列目于《丛书集成》，实则即录自《广志绎》。

《广游志》我至今还没有看到过。

据《五岳游草》《广志绎》二书，我认为王士性的贡献可以说不下于徐霞客。即令是差一点，差得也不多。地理学包罗至广，大致可分为自然地理、人文地理两部分。徐书虽也有人文地理内容，但很少。王书则以人文地理为主，兼及自然。王书中论自然地理的深度虽不及徐，但在人文地理方面的记载则极为精彩，故可以说，从自然地理角度看，徐胜于王；从人文地理（包括经济）角度看，王胜于徐。新中国成立以来地理学界重视自然地理而忽视人文地理，人文地理学遭受冷落，大致和社会学、法律学等差不多，长期废而不讲。但西方国家则十分重视，取得了很大发展，有益于国家建设。最近我国领导颇希望地理学界能重建这门学科，所以不等大百科全书地理卷全卷编好，先把人文地理部分作为一分册印了出来。但三十年不讲，一下想靠出版这本小册子就把学科建立起来是困难的。因人文学科不比自然科学，必须与本国本民族的历史与现状结合起来才有意义，有价值，不能光是把洋人的学说介绍几家，外国的著作翻译几部过来，就算是中国也有了人文地理学。当前我们若要认真建立中国的人文地理学，那就必须充分重视继承本民族在这方面的遗产，撷取其成果，作为建立这门学科的一个重要组成部分。所以我认为，现在提出王士性的著作来呼吁地理学界予以重视、研究，是完全必要的。

地理学不论是自然是人文，都得主要依靠实地调查考察。《广志绎》自序云：余言“皆身所见闻也，不则宁阙如焉”。明制全国分为两京十三布政司共十五省，他到过十四省，唯福建未到。所以全书论述也就是限于他到过的十四省，而不及福建。原计划还有一卷（卷六《四夷辑》），因为四夷去不了，不得不采用与其他五卷不同的体例，所载不可能是身所见闻，只能靠搜辑文献，因而此卷不径称“四夷”，而要在四夷之下加一“辑”字。结果有目无书，并未辑成。

王士性的游历与徐霞客有不同处，徐未做官，游历除舟行外主要靠步行（也坐轿）。王则进士出身，扬历中外，京官、外官都做过，又做过几省的主考，所以主要靠坐车坐船坐轿，也骑马，即所谓“宦辙所经”。王的游历所及的地区范围不小于徐。徐到过十四省，独缺四川省；王亦到过十四省，只缺福建。按今省算，则徐到过十六省（区），王到过十七省（区），王比徐多四川、甘肃，少福建，并有两条各牵涉到宁夏、青海。

两书主要不同在于徐书排日记载，记得很细，王书则采用笔记体，就每一地区的山川、气候、地貌、道路、农林牧渔产业、特产、风俗、文化、民族、古迹等自然人文各要素，一条条地做概括性记叙。我认为两者各有长处，不能说谁比谁好。

但两人的著作在成书以后的遭遇大不相同。徐书在徐去世后一百三十五年于清乾隆四十一年（1776年）始刊，三十二年后至嘉庆十三年（1808年）再版，清末又有几种印本，丁文江整理后又有新中国成立前的国学基本丛书本，万有文库本，以至1980年的上海古籍出版社本。王书则两种皆初刊于康熙，在徐书之前。清初学者如顾炎武、曹溶、冯梦祯对之皆备极推崇。但《四库提要》则列徐书于地理类总目，王书仅列于存目，对王书的评价很差，说是“随手记录，以资谈助，其体全类说部，未可据为考据也”。这是由于四库馆臣专重考据之学，于地理则专重建置沿革，所以会做出这样的评价。然而讲地理不应只重沿革，自然景物应重视，经济文化也应重视，四库之评价是不可取的。不幸的是，四库不重视，“五四”以来也一直没有受到重视。

其实讲求记述各地区的经济、文化，在我国起源很早，具有优良传统。《史记》有《货殖列传》，《汉书·地理志》卷末所载成帝时刘向言域分，朱赣条风俗，叙次论述战国至西汉各地人民的生产、生活情况，农商工矿各业的盛衰和风尚习俗的差别，极为生动具体。既写出区域的特点，进行了对比，又指出区域之间的联系和影响；既指出形成各区经济文化差异的环境因素，也阐述了各区的差异各有其历史渊源，真是第一等的好文章，是二千年前描述了全国经济地理、人文地理、区域地理概貌的很出色的著作；可惜这个优良传统不知何以未能继承下来。十六部正史地理志，只有《南齐书》《隋书》《宋史》有分区论风俗的章节而亦极为简略，远不及《史记》《汉书》。唐宋以来传世各总志亦惟《通典》稍有一点极为简略的记载。明清《一统志》皆有“风俗”一项，更不可取，往往只抄录几条上千几百年前的前史旧文，根本不问当时的实际情况已变成什么样子。可以这么说，汉以后讲地理一般都专讲疆域政区，不讲经济文化，这是地理学的一种停滞甚至倒退现象。现在我们看到了王士性的著作，就可以对明代各地区的经济、人文情况有一个大致的了解。虽然我们不能以此媲美于《史》《汉》，至少可以说这标志着人文地理的一度复兴。清人著作有没有能与王氏著作相提并论的？我还不清楚，希望搞人文地理的、地理学史的、历史地理的都能注意及此，相信必能对建立我国的人文地理学大有裨益。

读《水窗春呓》后[①]

用读笔记来代替看小说作为消遣，是我几十年来的老习惯，所以会养成这种习惯，一则是由于为自己的速写着想，想想花上一份时间就得有点收获，认为笔记里多少有可资采撷或参证的史料，而小说是谈不上的；二则是认为看笔记可以只看几条就放下，不像看小说那样有时看着了迷就欲罢不得，无论是在工作间歇，还是在上床灭灯以前看，都不至于影响正常的工作与睡眠。

几十年来的经验证明，我这种对笔记的看法虽然基本上正确，但不一定完全正确。一方面，不少笔记并没有提供什么有价值的史料，内容或在宣扬荒诞迷信的一套，或为庸俗无聊的琐谈。例如像薛福成、林纾这样的名流，其所撰笔记亦未能免

① 原载《书品》创刊号，1986年第1期，中华书局。

此讥。我读此二人的笔记在二三十年前，现在连书名都记不清了，具体内容更忘得干干净净，却留下了一个糟得很的深刻印象。并由此做出推断：此二人的思想境界、认识水平很不高明，他们的确远远赶不上他们的名。另一方面，笔记中有些是作者来谈自身经历闻见的，若写得好，那就不仅可以从中获得丰富而重要的历史知识，并且由于记述生动，也会发生不亚于好小说那样的吸引力，令人一经阅卷就不忍释手。这样的笔记当然为数不多，回忆当年读《野获编》时确有此感；最近看到《水窗春呓》，先看其下卷，又有此感。

这本笔记很怪，书分上下两卷，作者却非一人（上卷湘潭欧阳兆熊撰，下卷嘉善金安清撰），性质也不同，不知是何时何人开始把这两种不相干的作品强合在一起，作为一书的上下卷的。书名除《水窗春呓》外，又作《晚窗春语》，又作《春窗梦呓》而专指欧阳氏所作，又作《觚哉漫录》而专指金氏所作。今传本以清光绪二年上海机器印书局活字本为最早，已为二卷本，题名《水窗春呓》。去年中华书局又出版了由老友谢兴尧同志点校的重排本，仍用此名。

据点校本说明，此书的光绪二十六年《苏报》附刊本目录上有“卷上凡二十九则，均欧阳观察日记中语”一行，卷下有“此下始为金作”“皆金廉访拟稿”等字样。颇疑初次印书者的初意是要印金安清所作的今本下卷，继而病金著篇幅太少，又从欧阳兆熊日记中摘取二十九则，与金著凑成一百条，合印成册。因欧阳所记时代稍早于金氏，遂擅定欧作为上卷，金作为下卷。至书名则上卷摘欧阳日记，当然无名可言，下卷可能本名《觚哉漫录》，而《水窗春呓》《晚窗春语》《春窗梦呓》等名，可能都出自各本印行者之手。实则欧阳氏日记诸条所谈十九是“中兴”名臣的逸事，内容、笔调都与金氏笔记着重时政、俗尚迥不相侔，合为一书是很不恰当的。置之清代笔记丛帙中，欧阳作最多列入中等，金作则实为罕见的上乘作品。读欧阳作引不起我多大兴趣，读金作则使我为之倾倒不已。

金氏所撰“下卷”的可贵处不在于记载了和珅、曹振镛、向荣、陶澍、李星沅、琦善、钱江等人的言行逸事，而在于它差不多每一条都对乾嘉以后各个时期的时政、吏治、官场和社会风气，做了极为抉要精到的叙述。作者显然是一个熟读清代盐、漕、河三大政，又能留意于道咸以后新起的洋务的经济人才，此数十条笔记，着墨都不多，表面上还在歌颂为政爱民、为官廉洁，实际上却把有清历朝的腐朽统治予以和盘托出。其中，如《金穴》《河厅奢侈》《阿财神》等条河工、盐政之贪污冒渎，穷奢极侈；《外官廉洁》《陋规一洗》等几条记外官、漕务之陋规，是极为重要的政治经济史料。《荻庄群花会》《广陵名胜》《秦淮粉黛》《清江浦》《维扬胜地》等条，呈现了当时淮安、清江浦、扬州、南京等城市的繁华景象。点校者在《说明》中特别推许《溃河事类志》一条，此条所记乃道光四年黄河溃决高家堰后，钦派一大学士一尚书至南河总督驻所清江浦查办与河决有干系的两江、漕运、南河三总督及所属文武百官一事。从迎接星使起，经宣读谕旨，河督褫职，枷号河干，到起解发配伊犁，都做了生动精彩的描绘，给读者以一幕幕极为逼真的形象，简直等于是看了一部电影。

我为这几十条笔记所倾倒，因而想了解作者金安清的生平，可惜查了《三十三种清代传记综合引得》，只有金安清妻师氏是载于《清代闺阁诗人征略》，金氏本人竟不见此三十三种传记。本书点校者说金以一无科名的监生而名动公卿，“其才自有可称”，又说“其人思想敏锐而品德不端”，当必有据，但不知所据是何种资料。

《方舆胜览》简介[①]

《方舆胜览》七十卷，宋祝穆编，穆子洙增补重订。

祝穆字和父，建宁府崇安县人。先世徽州歙县人。曾祖确，是朱熹的外祖父。父康国，始移家入闽。穆少时名丙，尝受业于朱熹。除本书外，又著有《事文类聚》前、后、续、别四集，共一百七十卷，今存；《四六妙语》（一作《四六宝苑》）若干卷，今佚。

洙字安道，南宋宝祐四年（1256年）进士。尝取诸家语录为朱熹《四书集注》作注，名曰《四书集注附录》，宰执录其书进呈。景定中除迪功郎，兴化军涵江书院山长，咸淳初转从政郎，监行在文思院。

《四库全书总目提要》说祝穆是建阳人是错的。穆父康

① 摘自《论〈方舆胜览〉的流传与评价问题》，原载《中华文史论丛》1984年第2期。

国居建宁之崇安，见《朱文公文集》卷九八《外大父祝公遗事》，嘉靖《建宁府志》卷一八《人物·文学》。《遗事》有云，康国“二子丙、癸相从于建阳”，这是说丙、癸二人到建阳受业于朱熹，不是说祝氏乃建阳人。本书卷首吕午序在“祝穆和父”上系以“建阳”二字，这是建宁府的郡名，不是县名。祝穆自序署乡贯作“建安”，各卷卷端署“建安祝穆和父编”，“建安”也是郡名。

洙字安道，见《经义考》卷二五三引胡炳文曰，仕履及著作见本书卷一三兴化军涵江书院条、卷末跋及嘉靖《建宁府志》。《四库提要》将宰执录其所著书进呈、除迪功郎、为涵江书院山长误作祝穆的履历，此点余嘉锡《四库提要辨证》已指出。

祝穆《方舆胜览》原本据卷首吕午序及穆自序，刻印于理宗嘉熙三年（1239年）。全书分为前集四十三卷、后集七卷、续集二十卷、拾遗附录若干条。《季沧苇书目》载有此书，清季杨守敬在日本亦访得此书。据杨氏《日本访书志》云，自浙西路至广西路为前集，淮东、淮西两路为后集，自成都路至利西路为续集，“拾遗则自临安府至绍熙府每府州各补数条”，“其分数次开雕者，当因资费不足，随雕随印行，非别为起讫也”，“每卷标题《新编四六必用方舆胜览》，盖本为备四六之用也”。

祝洙增补重订本刻印于度宗咸淳二至三年（1266—1267年），去原本梓行凡二十八年。祝洙跋文称“先君子编辑《方舆胜览》行于世者三十余年”，可能是因为原本在刻印以前已经以钞本行世，所以算到咸淳初共有三十余年。重订本去“四六必用”四字，不复分前、后、续集名目，又将拾遗散附各府州下，新增五百余条，通编为七十卷，而各路次序仍同原本。《季沧苇书目》《天禄琳琅书目》《皕宋楼藏书志》皆载有此书，《四库全书》所收也是这种本子，杨守敬在日本除访得原本外，也访得了这种本子。

祝穆原本在国内可能早已失传，据近年调查，现在全国各地图书馆所藏，都属于祝洙重订本。北京图书馆和上海图书馆所藏同是重订本的宋刻本，但并非同一版刻。不仅字体不同，北图本中的繁体字，上图本中又往往用简体字，如國作国，雙作双，盡作尽。据此，可以认定，北图本较早，上图本较迟，上图本可能利用了一部分旧版，大部分是重刻的。重订本又有元明刻本，可是清朝和辛亥革命以来从没有刻印过。

现存的唐宋地理总志，共有唐代的《元和郡县志》、北宋的《太平寰宇记》《元丰九域志》《舆地广记》、南宋的《舆地纪胜》和《方舆胜览》六种。《元和志》《九域志》《舆地广记》，既有好几种清刻本，又有近时排印本，《寰宇记》和《舆地纪胜》，也各有几种清刻本，都是一般图书馆备有、市上比较易得之书。只有《方舆胜览》，由于没有清刻本和近时印本，所以需要参考此书的，非得上少数几家大图书馆的善本书库借阅不可，极为不便。1965年，上海古籍出版社的前身中华书局上海编辑所，决定将北图、上图两个宋本中缺页较少的上图本（北图本缺正文十四页，上图本不缺）影印问世，又据北图本补足所缺祝洙跋四页、录白一页，和正文中的缺损文字。1966年，已打出毛样，正在与北图本的照片逐字进行核校，约我写的前言也已写成大半，十年浩劫开始了，这部书当然属于"四旧"之列，勒令不许出版。版子埋没在仓库中达十多年，前年才翻了出来。上海古籍出版社当即积极将原影印计划付诸实现。赵而昌同志在把与北图本核校的工作做完之后，又做了一番很仔细的修版工作，这部宋季"学士大夫家有其书"的名著，终于不日可以以宋版的面目和广大读者见面了。

郭著《李白与杜甫》地理正误[①]

一　碎叶

李白先世隋末被窜于碎叶，郭老认为唐代碎叶有两处，一为“中亚碎叶”，又其一为“焉耆碎叶”。焉耆碎叶，其城为王方翼所筑，筑于高宗调露元年（679年）。[②]

按：郭老所谓“中亚碎叶”，城在碎叶水即今楚河南岸，见于玄奘《大唐西域记》卷一（碎作素）、《通典·边防典》石国注引杜环《经行记》、《新唐书·地理志》北庭大都护府及卷末贾耽记边州入四夷道里。又谓别有一“焉耆碎叶”，盖本于《新唐书·地理志》羁縻州焉耆都督府下注云：“有碎叶

① 原载《历史地理》第二辑，1982年12月。

② 见《李白与杜甫》第3、6页。

城，调露元年都护王方翼筑，四面十二门，为屈曲隐出伏没之状云。”其实细读两《唐书·裴行俭传》《王方翼传》，可知方翼所筑碎叶城，就是碎叶水上的碎叶城；通观两《唐书》记载，只有这一个碎叶城，就是碎叶水上的碎叶城。但著名的唐代安西四镇初置时是龟兹、于阗、疏勒、碎叶四镇，后来又罢碎叶，以焉耆备四镇（两《唐书·龟兹传》《焉耆传》）。欧阳修殆因此而误以为碎叶即焉耆，故列碎叶城于焉耆都督府下。郭老不察，致误信谬说。①

又：郭老以“焉耆碎叶”城繁荣昌盛于调露为据，就认为生于隋末的李白当然不会生于“焉耆碎叶”，这句话是不能成立的。假如焉耆境内确有一地名为碎叶，则生于其地筑城以前的人，何尝不能说是生于碎叶？

又：郭老谓碎叶即今托克马克，在今苏联哈萨克境内。按：托克马克在今苏联吉尔吉斯共和国境内，不属哈萨克。

二 条支

李阳冰《草堂集序》中述李白家世云：“中叶非罪，谪居

① 请参阅邹逸麟、赵永复：《唐代的碎叶城》，载《复旦学报》1980年《历史地理专辑》。

条支。”郭老认为所以不说谪居碎叶而改为条支，是因为碎叶城属于条支都督府。又说：唐代的条支都督府，“旧不详其地望所在”，李白乐府《战城南》云：“去年战，桑干源；今年战，葱河道；洗兵条支海上波，放马天山雪中草。”“诗中条支与葱河（喀什噶尔河）、天山连文，表示其地望相接”；“此唐代条支既与葱河、天山等相接，自当包含碎叶。是则所谓条支海，或条支都督府所辖之海，如非伊塞克湖（热海），当即巴尔喀什湖。因而条支都督府所辖地即今苏联境内哈萨克一带，是毫无疑问的。”①

按：郭老这一段推论是极为荒谬的。《草堂集序》中的“条支”和《战城南》中的“条支海”，都是文人用典，不能指实为确系谪居于条支其地，洗兵于条支之海。《汉书·西域传》：乌弋山离“西行可百余日乃至条支，国临西海。自条支乘水西行又百余日，近日所入云”。《后汉书·西域传》：“班超遣甘英使大秦，抵条支，临大海，欲渡”，船人极言海水广大，往往经岁始得渡，英乃止。故条支一名，汉后遂成为中土人心目中西方极远地区的代名词，李阳冰与李白诗文中的条支与条支海，即用此义。郭老竟以条支为唐代的条支都督府，在

① 见《李白与杜甫》第4—5页。

今苏联哈萨克一带；条支海为今伊塞克湖或巴尔喀什湖；又以为碎叶为条支都督府属邑，自以为“毫无疑问”，实则大误特误。

唐条支都督府为高宗龙朔元年（661年）所置安西吐火罗道十六都督府之一（《新唐书·地理志·羁縻州》），其地本为漕矩吒国（见《大唐西域记》卷十二），显庆时为柯达罗支国，武后时又改名为谢飓国。《新唐书·西域传》有谢飓专条，言及其四邻及城邑甚备：

> 居吐火罗西南，东距罽宾、东北帆延，皆四百里；南婆罗门，西波斯；北护时健。其王居鹤悉那城，地七千里，亦治阿娑你城。

郭老连正史列传都不查，遽云“旧不详其地望”，未免太疏忽。

吐火罗，今阿富汗东北境阿巴德一带；罽宾，今阿富汗东境巴基斯坦界止；帆延，今阿富汗中部巴米尔一带；婆罗门即印度，此处指今巴基斯坦；波斯即伊朗；护时健，今阿富汗西北境；鹤悉那，今阿富汗首都喀布尔西南之加兹尼；唯阿娑你（《大唐西域记》作鹤薅罗）无考。由此可见，这个谢飓国即条支都督府，应在今阿富汗西南境，其王都即都督府治则为今加兹尼。这块地方北距碎叶城有数十里之遥，中间隔有阿姆河两岸吐火罗道诸府州，锡尔河南岸昭武九姓国诸府州和锡尔河北岸的西突厥濛池都护府诸府州，碎叶城怎么可能飞越这么许多府州悬属于条支都督府？何况碎叶川本为西突厥地，介在五弩失毕与五咄陆之间；碎叶城自贞观末即为唐安西四镇之一，至开元七年（719年）始因十姓（西突厥）可汗请居碎叶川而罢镇，事见两《唐书·西突厥传、西域传》；一个唐朝设在西突厥地区的重镇，又怎么可能隶属于吐火罗道的羁縻都督府？今阿富汗的东北境可以说与葱岭相接，在今阿富汗西南境的条支都督府就说不上与葱岭相接。何况葱河在葱岭之东，天山更在葱岭之北，条支怎么可能与葱河、天山相接？即令如郭老所说条支在碎叶一带，南去葱河亦有千里，去天山数百里，也说不上相接。阿富汗西南境去海甚远，哪儿会有什么条支海？伊塞克湖唐时名热海，一名大清池，一名咸海，见《大唐西域记》《经行记》，贾耽记入四夷道里；巴尔喀什湖唐时名夷播海，见《新唐书·地理志》北庭大都护府；二湖去条支都督府及古条支国各远达数千里，又怎么可能会叫起条支海来？

考证历史时期的地理，自当取证于历史记载。文学作品旨在比兴，但求典雅，不求真实，是做不得史证的。郭老置两《唐书》纪传于无睹，竟想用迷离恍惚、不着边际的一二诗句来解决条支的地望问题，这就难怪会得出如此稀奇古怪的结论来了。

三　河西

杜甫于天宝末选授河西尉，不就。《官定后戏赠》诗中有“不作河西尉，凄凉为折腰”句，郭老说：“河西县在唐代有两处：一属于云南，在蒙自附近，天宝后没入南诏；一属四川，在宜宾附近。估计杜甫被任为县尉的是后者。”[①]

按：郭老所提到的唐代两个河西县，是从1934年商务印书馆出版的《中国古今地名大辞典》里抄下来的。由于抄得欠仔细，既有抄错的地方，又没有抄全。

《地名大辞典》“河西县”下第一条是：“唐置，故城在今云南河西县东北……天宝末没于蛮，为步雄部，后阿僰蛮易渠夺而居之；元时内附，后置为州……降为县，明属云南临安府；清因之；今属云南蒙自道。”第二条是：“见河滨县条。”第三条是：“唐置，今阙，当在四川旧叙州府境。”

《辞典》第一条即郭老所说“在云南蒙自附近”一处所

① 见《李白与杜甫》第160—161页。

本；《辞典》说今属蒙自道，郭老就说成是“在蒙自附近”。殊不知民国初年的蒙自道辖境甚广，道属诸县未必都在道治蒙自附近。河西县于新中国成立后1956年并入通海县，故治在今通海县西河西镇，河西西南去蒙自达三百三十里，中隔通海、建水、开远等县，怎么能说是在蒙自附近？

《辞典》第三条即郭老所说“在四川宜宾附近”一处所本，因为宜宾是旧叙州府附郭县。但《辞典》编者显然因为查不到明确的资料，所以先说“今阙”，然后说“当在旧叙州府境”，这只是姑作如此推测而已。到了郭老手里，竟变成用肯定语气说的“在宜宾附近”，跟《辞典》原意已不一样了。

《辞典》第二条叫读者去查河滨县条。河滨县下有一条是“唐置，寻更名河西，后省，故治在今陕西朝邑县东”。郭老若查到了这一条，就该说“河西县唐代有三处”了。可是他竟没有肯再多花一二分钟去查看这一条，所以就认为河西县在唐代只有两处了。

郭老知道杜甫被任为河西尉在天宝末，而唐朝设在云南的州县天宝中已没于南诏，所以他做出了杜甫应被任为在今四川宜宾附近的河西县尉的结论。

郭老十分信赖《地名大辞典》，殊不知这部辞典对唐代的河西县既没有列全，对列出来的三个，所述沿革、地望又都不确。

第一条：新中国成立以前的云南河西县，始置于元，不始于唐。《辞典》误作唐置，系袭自《清一统志》云南临安府沿革，而《清一统志》又袭自《元史·地理志》；此二书都说元代的河西县就是唐初西宗州的河西县。按：唐武德四年置西宗州，贞观十一年更名宗州，“北接姚州，领县三：宗居、石塔、河西”，见《新唐书·地理志》剑南道、《新唐书·地理志》羁縻州、《太平寰宇记》剑南西道。这个羁縻宗州既然北接姚州，姚州故治在今云南姚安县稍北，所以《清一统志》云南楚雄府沿革把宗州说成在清镇南州即今南华县境内是基本合理的。宗州的州治虽在宗居县，羁縻州辖境一般不可能很大；河西县也应在今南华县一带，绝不可能远在南华县治东南四五百里外的今通海县河西镇。《元史·地理志》述前代沿革多误，这一条显然也是错的。

第三条：《辞典》为什么说是“当在今四川旧叙州府境”呢？我们可以找出它的来历。原来两《唐书·地理志》《太平寰宇记》中的宗州都列在戎州都督府之下，戎州都督府所管辖的羁縻州很多，《辞典》编者搞不清这些州的具体方位，所以只得先说“今阙”，又因唐戎州即明清叙州府的前身，便又加上了一句“当在今四川叙州府境”。殊不知唐戎州都督府的辖境极为广大，特别是在唐初未置姚州都督府以前，唐朝置在今云南东北部、东部、中部地区的羁縻州，全在它的统属之下，宗州即其中之一。所以唐代戎州都督府所领的河西县，实际上就是在今云南境内的羁縻州所领的河西县，并不在今四川境内。

因为《辞典》这两条本来就写得不对，郭老以此为据所做出的推断，当然也就不能成立。一、唐代不仅没有一个河西县在今蒙自附近，也没有在今通海县西境的河西县。二、唐代并没有在今四川宜宾附近的河西县，《辞典》第三条所指河西县，实在今云南姚安县南南华县治附近。这个河西县当于天宝九载南诏攻陷姚州时已没入南诏，杜甫以天宝末授河西尉，当然不可能是这个县。何况，唐置羁縻州县于边疆少数民族部落，州县的长官就由部落首领充任，所以就是在天宝九载以前，杜甫是汉人，也不可能去做这个羁縻县的县尉。

《辞典》河滨县条说河滨寻改名河西，也是错的。河滨县不见《通典》《元和志》《寰宇记》；据两《唐书·地理志》，此县系武德三年析同州朝邑县所置，贞观元年省，没有改过名。《辞典》编者可能因为《清统志》说河滨县故址在朝邑县东，《读史方舆纪要》又说朝邑县东有河西城（此城当即贞元七年以后河中府的河西县故址），遂混而为一。

由此可见，郭老即使把《辞典》三条河西抄全了，也并不能解决杜甫“不做河西尉”的河西在哪里的问题。要解决这个问题，光靠查《地名大辞典》是不行的，还得查查两《唐书·地理志》和唐宋地理总志《元和郡县志》《太平寰宇记》等书。

这些书查下来就可以知道，原来唐代除在云南的那个羁縻河西县外，还有两个正县也叫河西，近在长安以东三四百里内。

一个是武德三年分同州郃阳县所置，乾元三年改名为夏阳县，至宋熙宁二年夏复省入郃阳。故址在今陕西郃阳县东南四十里。

一个是河中府的附郭县，故址即今山西永济县蒲州镇。这个河西县最初系开元八年分河中府附郭河东县置，同年仍省入河东。乾元三年再置，罢同州朝邑县，以其地为本县辖境。至大历五年（一作三年）复置朝邑县，还属同州，又析朝邑五乡、河东三乡为本县辖境。至贞元七年，还治府西四里安远城。宋熙宁三年复省入河东。

在这两个河西县中，在今山西永济县蒲州镇的那个，开元中置而即罢，此后要到乾元三年才复置，在天宝年间并不存在，所以杜甫于天宝末被选授为河西尉，这个河西县无疑是在今陕西郃阳县东南的那一个。

1980年11月28日

叁

值得怀念的三年图书馆生活①

1932年年初，我结束了在燕京大学研究院的学习生活，走上了我一生中第一个工作岗位——进“国立北平图书馆”当馆员。

我的伯父谭新嘉（志贤）先生是这个图书馆的开国元老，从民初京师图书馆时代起，一直担任着中文编目组组长的职务。由于他的推荐、请求，馆长袁同礼（守和）先生买他的老面子，录用了我。

我一进馆就把汇编馆藏方志目录这件工作交给了我。

在我进馆以前，由于图书馆的历史关系，馆藏的方志分载于六种书目之中，六种书目的体例又互有出入，翻检至为不易。我的任务就是要把这六种书目中的方志按同一体例汇总起

① 原载《文献》1982年第14期。

来，编成一部目录，并对原目进行核对，改正其疏谬或不恰当处。

这部目录的凡例，有一部分是沿用了旧目中的旧例，有一部分则出于我的新创。新创的是哪几条现在已记不清了，只记得其中最重要的是第七条：

> 凡省志、府志、直隶州志及领有属县之直隶厅用黑体字排印，散州及厅县用普通字排印，志有名为直隶州而实际但志本州一邑者，亦用普通字排印，有不标直隶之名而所志兼及全郡者，亦用黑体字排印。

我认为编方志目录首先应该告诉读者每一部志的记载范围有多大，是一县或相当于一县之地，还是一省、一府或相当于一省一府之地。当然绝大多数是一看书名就清楚的，但也有一些书名用的是别称而不用正式府州县名，就不容易辨别清楚是一郡（相当于一府）还是一邑（相当于一县）的志。明代有些州隶于府而领有属县，这种州的州志有的但志本州，有的兼及属县，更难以从书名上予以分辨。特别是清代的直隶州，都领有属县，而这些州的州志有时书名作某某直隶州而实际只载本州一邑之事，不及属县，有时书名并不标出直隶二字，而内容却包括属县，最使读者迷惑。所以我创立了用黑体字和普通字分别郡邑的办法，使读者一看字体就知道这是一郡之志还是一邑之志。

这一条是这部目录的一个特点，我所看到过的其他任何方志目录都没有采用与此相同或类似的办法。我做到这一条是付出了相当可观的劳动的，但我认为这是值得的，因为这样做为读者带来了不少方便。

这部目录的另一个特点是凡例中的第十二条：

金石目录之学，时人所重，本编为切应此种需求起见，凡各志之有此二类者并标出之。

这是沿用了六种旧书目中某几种的旧例。我自己并不以此为然。我认为金石目录并不是方志中最重要的内容，不应该予以特殊的待遇。但由于旧目的编者已为此付出了劳动，也就不便删除。既然保留了这一条，为了划一体例，就不得不把原来不采用这一条的那几种书目中的各志一一查对一下。

此外又有乡土志、乡镇志不入正目，别为附录，和不采丛书中的方志这两条，也是沿用了旧例，其实是不见得恰当的。

编方志目录最费事的是查考、确定修纂人姓名、刻板年月，辨别是创修、重修、续修还是增补，为此往往不得不把所有序跋翻遍，甚至还得翻检书的内容。我尽可能做得仔细，但诚如凡例所指出的，仍不免有疏漏舛谬之处。

我的工作进度很慢，编了一年只编了差不多一半。馆长急于要出书，决定不等我编完，从1933年5月起先把已编好的几省付印，其余则编好一省印一省，大约到1934年下半年才全部竣工出书。收入方志以1932年年底以前入藏者为限，都凡五千二百余部，其中有许多是同一书的复本，除去复本共计有三千八百余种。这就是毛边纸铅印排印本《国立北平图书馆方志目录》初编四册的编印经过。书的里封面题“民国二十二年五月国立北平图书馆印行”，实际就是开始付印的年月而不是印成的年月。序文末行作“徐水袁同礼序”，实际上的执笔人是我。

在我离馆之后，1936年我的伯父志贤先生又把从1933年起至1936年6月陆续入藏的八百六十二部方志编成《国立北平图书馆方志目录二编》一册。由于他是中文编目组的主任，没有可能花很多时间在这上面，所以二编的体例虽然大致与初编相同，独于用字体分别郡志邑志这一条没有采用。

我的编目进度之所以慢，工作比较仔细只是一部分原因，主要原因实由于我并没有把全部精力放在此项工作上。这是因为我在进馆之初，即1932年年初进馆后约个把星期，就开始在辅仁大学兼课；第一年上半年还只在辅仁一校开中国沿革地理一门，后来又陆续在北大、燕京二校也兼过课；除沿革地理外，又开过魏晋南北朝和隋唐五代两段断代史，每周或四小时，或多至六小时。上两小时课就得在馆里缺勤半天，一个星期就有两到四个半天不能到馆上班。虽然我备课主要放在晚上，但有时在白天办公时间也免不了要为备课查查书。特别是到1934年，我又协助我的老师顾颉刚先生创办禹贡学会，主编《禹贡》半月刊，馆外的任务越多，馆内的工作当然更要受影响。我身为图书馆馆员，放在编目或其他为图书馆做的工作上的时间，大概最多三分之二，有时可能只有一半。我这种情况袁馆长当然是很不以为然的，但又不便下令阻止或公开批评。我自己心中有数，所以一等到《方志目录》编成，1935年春节一过，我赶紧提出辞呈，袁馆长随即欣然接受了我的辞呈。

我在北平图书馆整整待了三年，编《方志目录》之外虽然也零零碎碎打了些杂，如在馆里开展览会时起草一些介绍和说明，偶然也为袁馆代笔写点应酬文字等，总的说来实在没有做多少事。至于为馆办的《图书季刊》《大公报·图书副刊》写稿子，那是有稿费可拿的。

我没有为北平图书馆做多少事，北平图书馆却为我提供了最好的做学问的条件和环境。我之所以懂得一点学问的路子，在结束研究生生活后紧接着又在图书馆里待上这三年，是起了很大的作用的。

我的办公桌摆在主楼楼下东首向南的那一间里（楼下地下室是舆图部），在这间屋里工作的只有我和我的助手两个人，很安静。但我一天平均得翻上五六至七八部方志，都要从书库里借出搬到办公室来翻阅太费事了，所以我在办公桌上工作的时间少，大部分时间干脆就在书库里的书架前面摆一张小桌子工作。可是我虽然为了查方志而进书库，进了书库，却往往并不限于翻方志了，而是东翻翻，西翻翻，只要看到书名觉得值得翻一翻的我都翻。这样长期翻阅的结果尽管所得的知识是很肤浅的，但毕竟是大大扩充了我的知识面。

那时的北平图书馆不光是一个专司采购、编目、庋藏、借阅图书的机构，同时也是一个学术研究机构。除了各部的主任、馆员之外，还特设编纂委员一职，网罗了向达（觉明）、贺昌群（藏云）、刘节（子植）、王庸（以中）、谢国桢（刚主）、赵万里（斐云）、孙楷第（子书）、王重民（有三）等一批中年学者在馆从事与图书整理有关的研究工作。现在回想起来，真可以说是俊彦萃集，极一时之盛。这几位先生年龄都要比我大十岁左右，早就在学术上取得了显著的成就，我以一个后辈的身份和他们亦师亦友地相与游处，关系远比在大学里的同事密切，因此我得到这几位前辈再加上同年辈的萧璋（仲圭）、张秀民（涤澹）等同事的熏陶切磋之益，也有过于后来单纯在大学里教书的年代。

那时我还没有结婚，单身住在景山西门陟山门大街图书馆办的宿舍里，但住在这个宿舍里的却并不一定是馆里的职员，只要是文化界中人，通过介绍，都可以住进来。因而我在宿舍里又结识了女子文理学院教师谢兴尧（五知）、翻译工作者刘国平等几位朋友。我和馆里和宿舍里的同事和朋友除谈论学术外，还经常一起逛书铺，一起上小馆子，有时一起看京戏。这三年的图书馆生活，确是我一生中最值得怀念的岁月。

1982年6月26日

两汉州制问题讨论书后[①]

1930年秋，我进北平燕京大学历史系当研究生。第二学年秋季开学，我选读了顾颉刚先生所讲授的“尚书研究”一课。顾先生在讲义中讲到《尚书·尧典》篇时，认为其写作时代应在西汉武帝以后，一条重要的论据是：《尧典》里说虞舜时“肇十有二州”，而先秦著作称述上古州制，只有九分制，没有十二分制的。到汉武帝时置十三刺史部，其中十二部都以某州为名，自此始有十二州，所以《尧典》的十二州应是袭自汉武帝时的制度。为了让同学了解汉代的制度，当时还印发给班上同学每人一部《汉书·地理志》，作为《尚书研究讲义》的附录。我读了这一段讲义之后，又把《汉书·地理志》翻阅了一遍，觉得顾先生在讲义里所列举的十三部，不是西汉的制

① 原载《复旦学报》1980年第3期。

度，实际上是东汉的制度。有一天下课时我对顾先生提出了自己的看法。先生当即要我把看法写成文字。我本来只想口头说说算了，由于他提出了这一要求，迫使我不得不又查阅了《汉书》《后汉书》《晋书》等书的有关篇章，结果益发增强了对自己看法的信心，就把这些看法写成一封信交给了顾先生。想不到他在第二天就回了我一封长信，结论是赞成我的看法三点，不赞成的也是三点。这就进一步激发了我钻研的兴趣和辩论的勇气，六天之后，我又就他所不赞成的三点再次申述我的论据，给他写了第二封信。隔了十多天他又给了我一复信，对我第二封信的论点又同意了一点，反对二点。通信讨论到此结束。不久，他把四封信并在一起又写了一个附说，加上一个“关于尚书研究讲义的讨论”的名目，作为这一课的讲义的一部分，印发给了全班同学。这一学期顾先生在“尚书研究”一课上所发的讲义很多很多，可惜我把这份讲义的本文早已不知丢到哪里去了，至今只留下一册《汉书·地理志》和这一份《讨论》。《汉书·地理志》早已装订成册，成为我插架图书之一。《讨论》共二十三页，因是散页，压在书箱底下，夹杂在旧纸堆中，多年没见过面了。前不久清理书箱，又把它翻了出来，搁置案头。适值《复旦学报》编辑部同志见访，把这份东西借去看了一遍，随即建议要在《学报》上发表，并以将当时通信的经过简单叙述一下，再谈谈现在有何感想见嘱，准备作为原件的书后一起与读者见面。通信的经过略如上述，下面就谈一点感想。

这是一场展开于师生之间的学术讨论。这师生不是过去的师承关系，而是正在课堂上发生授受学业关系的师生。这位老师还不是一位普通的教师，而是一位誉满宇内的名教授，举世钦仰的史学界权威！而我这个学生，一个二十岁刚出头的毛头小伙子，竟然敢于对这样一位老师所写的讲义提出不同意见，直言不讳地说您哪一点讲错了，胆量可真不小。

我这点胆量应当说是值得肯定的。没有我这点胆量，就不会引起这场讨论。然而，这场讨论之所以能够充分展开，导致取得颇为丰硕的成果，从而基本上解决了历史上一个相当重要的问题，关键绝不在于我这个学生敢于提出质问，而在于作为老师的顾先生对待这样一个大胆学生的态度。当我对他口头表达意见时，他既不是不予理睬，也没有马上为他自己的看法辩护，而是鼓励我把意见详细写下来。当我交给了他第一封信后，他仅仅用了一天时间，就回答了我一封长达六七千字的长信，可见他是何等重视我的意见。我两次去信，他两次回信，都肯定了我一部分意见，又否定我的另一部分意见。同意时就直率承认自己原来的看法错了，不同意时就详尽地陈述自己的论据，指出我的错误。信中的措辞是那么谦虚诚恳，绝不以权威自居，完全把我当作一个平等的讨论对手看待。这是何等真挚动人的气度！他不仅对我这个讨论对手承认自己有一部分看法是错误的，并且还要在通信结束之后把来往信件全部印发给全班同学，公诸于众，这又是何等宽宏博大的胸襟！正是在顾先生这种胸襟气度的感召之下，才促使我对这个问题努力深入钻研下去，通过独立思考，提出了一些合理的见解，对这个问题的解决做出了一定的贡献。而顾先生后来之所以会写出《两汉州制考》这篇名著，我的这两封信当然是起了推动作用的。

开展这场讨论之后的第二年，我开始走上了大学讲台；从20世纪40年代初起一直到现在，还陆续带过十多个研究生。至今当老师当了将近半个世纪了，可是我和我的学生之间却从来没有展开过像这一次那样热烈的学术讨论，不论是书面的还是口头的。难道是学生对我的讲授完全同意，一点意见都没有吗？这是不可能的。看来讨论之展不开，原因该是由于我这个老师诱导无方，而当学生的也不够大胆。这种情况也不单是我的课堂上如此，其他教师的班上基本情况大致也都是如此。师生之间的关系只限于一方讲课一方听课而没有讨论，这不是一种理想中的最高学府的应有现象。

新中国成立以来有若干年各教研组规定要定期举行教师之

间的学术讨论，各门课程规定一学期要举行两三次同学之间的课堂讨论。但这种讨论一般都是各人各说一套，很少针锋相对展开辩难。学生在课堂讨论中的发言，又往往是从书本上或报刊上抄来的，很少出自自己钻研，独立思考。并且讨论一般只限于口头，不要求写下来，讨论会一结束，讨论也就过去了。老师和学生既各搞各的讨论，学生参加讨论的兴趣也就有限。因此，尽管制度上规定有讨论，实际上讨论的效果很不理想，远远赶不上半个世纪前我和顾老师之间展开的这场关于西汉州制的辩论。当年这场讨论，不仅像顾先生在附记里所说的那样把一个二千年来多少学者没搞清楚的问题基本上搞清楚了，还有一点顾先生没有提到而同样很重要的，那就是：通过这场讨论，使我这个青年对历史地理发生了浓厚的兴趣，又提高了我做研究工作的能力。这对于我后来能够在大学里当一名还算称职的教师，在学术上多少能够取得一些成就，是起了很大的作用的。这也就是说，师生之间开展学术讨论，既对学术本身有利，又对培养人才有利。所以今天我重读了这份《讨论》，深感当前为了加速搞四化，加速培养人才，在大学里大力提倡开展各种学术讨论，包括师生之间的讨论，是很有必要的。这需要形成一种风气。而要造成这种风气，光靠领导号召是办不到的，还得需要我们当老师的当学生的共同努力！

我与暨南

我做过两次暨南人，第一次在1927年秋至1930年夏，是暨南大学的学生；第二次在1947年秋至1949年新中国成立前，是暨南大学的教师。

1926年秋至次年“四·一二”以前，我是上海大学社会学系的一年级学生，“四·一二”后学校被封闭，失学了两个月，到夏天即考入暨南大学的中文系。那时学校在真如，校长是郑洪年。秋季开学的第一学期，系主任是夏丏尊先生，他自己教大一国文，余上沅先生教大一英文，沈端先先生（夏衍）教第二外语日文，还有林语堂先生、张凤先生等，教的什么课记不得了。转年第二学期开学，系主任换了陈鍾凡先生，教师也换了好几个，有陈柱、骆宏勋等。大致可以说，第一学期的教师趋向于新文学，第二学期的都崇尚旧文学。我很敬仰爱慕夏先生，不喜欢第二学期那些守旧派老师。所以到了1928年秋季开学，便决意转系。刚开学时转到了外文系，系主任是叶崇智（公超）。两星期后，学校贴出布告开办历史社会系，我当即又转到了这个系，主修历史，兼修社会学。从1928年秋到1930年夏读了两年即毕业。由于那时学校采用的是学分制，我因在校三年所修学分较多，加上在上海大学读过一个学期有几个学分也被暨南所承认，加在一起就够上毕业所需的学分了，所以到1930年夏就被认可毕业。

在历史社会系两年之内，系主任先是黄凌霜，后换许楚生（德珩），教师有孙本文、邓初民、潘光旦、周传儒、陈憬、王庸、徐中舒等。我受潘光旦先生影响较深，毕业论文《中国移民史要》的指导教师就是他。后来我和他先后到了北平，1936年他做清华大学教务长，我在历史系教书，他把我拉进社会系兼了一门课。

在暨南历史社会系两年中，我的同班同学连我一共只有五人。除我毕业于1930年外，另外四人都毕业于1931年夏。这四位是江应樑、陈源远、许震球、刁焕国。江应樑毕业后留校当过助教，1935年时在广州中山大学教过书，抗战以后一直在云南大学当教授，是一位西南民族史专家。陈源远长期在江苏水利机构任职，现已退休，家住南京。许、刁二位30年代后即失去联系，久已不知下落。

那时学校在真如火车站之北，学校虽办有食堂，多数同学都在铁路南一条小街上的小饭店里包饭，每月所费约十元稍出头些。晚饭后散步，时常西至杨家桥才折回。放假日的活动除了进入市区外，还到过南翔古漪园、大场、江湾叶家花园。

那时学校管理比较松散，上课一般不点名，上不上课没人管。课堂外的活动完全自由，但也没听说过有什么非法或不道德活动。许多选修课不考试，以交一篇论文作为修毕这门课的成绩。论文是否出于本人撰写并不查究。有几个学期期终我为好几门课都写上几篇论文，除了一篇署自己的名外，别的就提供或因病或因事或写不出论文的同学，由他们署名上交。当时暨南的体育相当出名，尤其是足球，健将有陈镇和等。但与我相熟的都不参加运动，课余一般是聊天散步，坐坐咖啡馆。看电影得上北四川路，太远了。我也不大喜欢看电影。对南国社的话剧有兴趣，有演出经常赶去看。也曾赶到市中心区看过京剧名角演出。散戏后在北站旁宝山路口坐野鸡汽车回校，每人小洋二角，坐满就开。头上两年假日常到福州路书店买小说和文学期刊看，渐渐就只买史学书看了。

一年级第一学期，夏丏尊先生还曾带我们一班同学上市内一家饭馆，谒见鲁迅先生，一起聚餐，饭前饭后他都谈了些话，可惜当时他讲些什么，现在完全不记得了。

夏先生第一次上课，首先申明他的名字是丏尊，不是丐尊，丏读若缅，意思是被遮蔽，看不见。但我记不得他对“丏尊”的解释，也许他并没有解释过。

第一学期还有一件名人逸事可以提一提：林语堂先生烟瘾极大，在课堂上有时忍不住，又不好意思在讲台面对着学生抽，常常讲着讲着突然停止，不声不响躲到课堂角落里对着角落抽。同学们都静坐不作声，等他抽上半天，捺灭烟头，才重上讲台继续讲。

1930年夏结束第一度暨南生活，从此年秋起直到1940年春，除1935—1936一学年在广州教书外，长期在北平读书（燕京大学研究院）、教书（辅仁、燕京、北大、清华）；1940年离平进入大后方在贵州浙江大学教书，1946年随校复员杭州。那时法币猛跌，物价狂涨，我的教授薪金实在难以养活一家六口（两夫妻四个孩子）。1947年秋，在上海的暨南大学新任文学院院长孙人和（蜀丞），由于历史系教师缺人，委托他的妻兄牟润孙到杭州找我，邀我到暨南兼一个专职教授，我就应允了。那时的制度做兼任教师待遇很低，所以要兼就得兼一个专任；又怕南京教育部批不准，所以不用本名改用字“季龙”上报。这样两校各拿一份教授全薪，才能对付过日子。南京教育部规定专任教授每星期得教三门课九小时，事实上各校多少都打一点折扣。我在浙大资格已相当老，受优待只教两门课六小时，在暨南因属新聘教授，只肯照部定规章减少一小时，每周上三门课八小时。三门课中的中国历史地理、魏晋南北朝史两门，就是照在浙大的讲稿再讲一遍，另开一门中国文化史或中国史学史（各一学年），那是现编的教材。1947年秋至1949年夏，我每星期来往沪杭一次。1948年秋季开学后，改为每两星期来沪一次。每两星期的第二周的星期四，一早从杭州出发，中午十二点半到上海，就在北站附近小饭馆里吃午饭，饭后径赴宝山路西宝兴路口暨大文学院，从一点半起到五点半，连上四节课。第二天、第三天各上六节课，两天半之内上足两星期的十六小时课，当晚乘特快车返杭，约十一点可到家。记得最后一次到暨南上课是在4月上旬，5月初杭州解放，沪杭火车交通中断，应在5月中旬来的一次便没有来成。等到6月初交通恢复我再度来沪探亲时，暨南已停办。

这两年来暨南上课，晚上都住在青云路暨大宿舍内学校配给我住的一幢房子里，因为名义上我是学校的专任教授。但实际上我只单身一人每星期或两星期来住上两天，所以学校又让中文系一位单身副教授郑骞也住进来。他是常住户，所以我让他住前间，自己住后间。他只住了一年，1948年秋，因台湾大学以教授来聘，他便去了台湾。听说至今仍在台大。

这两年在暨大宿舍里认识来往的有束世澂、沈錬之、黄豫芳等，在教员休息室里认识的有郝炳衡、刘大杰、吴文祺、施蛰存、刘佛年等，又去过孙蜀丞、牟润孙的家里。那时的校长是李寿雍，我没见过面。他是国民党的顽固分子，在学校里纵容三青团横行，贴出大字报都为反动政府说话，民主气氛远比浙大差。有一个姓但（？）的三青团头子是我班上的学生，上课向来不到，考试成绩不知所云，我批了个零分。注册课找到我对我说，这个学生有特殊任务，所以成绩不好，你得给他及格，不能打零分。我说我打分数凭试卷，不能改，要改你们负责去改。注册课来人说那样不好，你不改以后会有麻烦。我不再理他，以后也没有什么。

1949年新中国成立之初暨南停办，教师如何安排我不清楚，学生并入复旦。我原在浙大，当然不存在为“谭季龙”另做安排的问题。但浙大一解放就停办了历史系，教师部分遣散，部分留校学习马列主义，我属于后者。原说历史系停办一年即恢复，可是到了1950年初又宣布历史系不恢复了，教师愿留校者一律教公共课中国近代史，不愿者听其自谋出路。我选择了后者。消息一经传布出去，南京大学、齐鲁大学历史系主任韩儒林、张维华都是我的熟人，即驰函热烈延聘，但最后我没去南大也没去齐鲁，却来到了复旦。当时复旦的历史系主任周予同，我与他素不相识，他之所以要聘我，则系出于接受了并入复旦的原暨大历史系听过我课的学生陈清泉、刘伯涵、刘保全等提出的请求。

我与《禹贡》和禹贡学会[①]

1932年春起，我在辅仁大学开设了“中国地理沿革史”一课；次年，顾颉刚先生在北京大学和燕京大学同时开设“中国古代地理沿革史”一课。二课性质既同，我们师生二人之间时常开展一些讨论。此时北平学术界中还有不少人正在研究中国古代史中的地名与民族、边疆史地、中西交通史、地方志、地理学与地图史等与历史地理密切关联的学科与课题，时有述作揭载于各种报刊中。而在顾先生和我的班上的学生作业中，也不时发现一些具有一定质量的短文，却又难以找到发表的机会。顾先生有鉴于此，为了推动提倡学术界多搞一些历史地理方面的研究，为了让大学生在这方面的习作有一个发表的园地，1934年年初，在他的创议之下，并约我合作，共同发起筹

① 摘自《谭其骧自传》，载《中国当代社会科学家》第四辑，书目文献出版社1983年。

组禹贡学会，即日创办《禹贡》半月刊。因为《禹贡》是我国最早一篇系统地描述全国自然、人文地埋概貌的杰作，具有很高的学术价值，二千多年来地理学者无不奉为不祧之祖，所以我们这个专以研究历史地理与有关学科为宗旨的学会和专发表这些方面文字的刊物，即以禹贡命名。

那时我们的干劲是很可观的。2月4日议定，几天之后就在燕京大学东门外成府蒋家胡同三号顾先生的寓所门口挂上了“禹贡学会筹备处”的牌子。3月1日就出版了《禹贡》半月刊的创刊号，同时广泛邀约三校我们二人班上的学生和平、津、沪、宁、苏、杭、广州、厦门……学术界各方面的熟人参加学会。会费普通会员每月一元，学生会员每月五角。在半月刊上发表文章一律没有稿费。印刷费主要靠顾先生和我二人的特别捐助（有一个时期我月捐四十元）以及会员的会费。仍患不足，由顾先生随时向学术界名流和熟人捐募补充。发行事务由顾先生女儿顾自明经理，在全国各大城市找了三四十个相熟友人和书铺代售处，义务代理。

那时使我最感吃力的倒不是筹措经费，而是繁重的编辑任务。半个月一期，开始时每期二三万字，后来逐渐增加到十几万字，这副担子真是无比沉重，何况我们二人都不是专职编辑。以我而言，我的正业是大学讲师和图书馆馆员。每星期得上四五堂课，每天还得到馆办公，编图书馆的馆藏方志目录。编半月刊的工作不得不全部依靠开夜车。

肯把相当成熟的稿子自动投送没有稿费的刊物的人毕竟很少。顾先生在学术界里的声誉地位高，交游广，面子大，平时拉稿子主要靠他。1934年秋冬，顾先生因丁母忧而南归七个月，在这七个月中，拉稿就得主要靠我，这可真把我急得团团转，中间就不免有几期延迟出版，引起顾先生的不满。可用的稿子不够，有时就不得不硬把原来不能用的稿子核对补充资料，重新组织，通体改写，改成一篇与原稿面目全非而仍用原作者姓名发表的文章。这一方面当然是为了凑足篇幅，另一方面也是顾先生的主意，想通过这个办法来奖掖后进，使更多的学生辈能在刊物上露名。可是这种方法可真害苦了我这个编辑。

《禹贡》半月刊编了一年半，1935年秋，我由邓之诚先生介绍，离开北平赴广州应学海书院之聘，我的编《禹贡》工作从此由我的同学冯家昇接替。此后禹贡学会得到了张国淦捐赠的小红罗石房屋，又得到中英庚款的补助，学会迁入新址办公，购置了不少图书，还聘了张维华等几位常年驻会的专职研究编辑人员；半月刊成倍地扩充了篇幅，并发刊了一些具有较高学术价值的专号，又编印了几十种边疆和游记丛书，还组织了几次边疆地理考察。学会日渐成为国内一个很活跃的学术团体。特别是由于当时日本帝国主义继侵占东北之后，又步步进逼华北，在国难当头的形势之下，学会同人研究的对象渐次由沿革地理转向边疆史地和民族问题，对当时学术界的影响尤大。禹贡学会一共办了三年半，直到1937年“七七”事变发生后才被迫停办。我在前一年半不失为学会的一个重要角色，但这一年半的成就远远不及后二年。在后二年中，我只是学会理事之一（理事共七人：顾、谭、冯、钱穆、唐兰、王庸、徐炳昶）、刊物撰稿人之一，没有出多大的力。当时为学会出力最多的除顾先生外，主要是冯家昇、张维华、韩儒林、白寿彝、顾廷龙、吴丰培、侯仁之、史念海等，多数是我的同学。

编绘《中国历史地图集》[①]

抗日战争时期在贵州浙江大学时，我编绘过二三十幅历史地图，学校为我找了助手，绘成了一些草图，但为当时的制图印刷条件所限，未能出版。新中国成立初，我曾为曾世英先生主编的《人民地图集》编绘几幅排在卷首的简括的历史地图。1953年、1954年时又曾为顾颉刚、章巽先生编绘的《中国历史地图集》（古代史部分）做过校订工作。但上述三种图都还是小比例尺的，远不及杨守敬的《历代舆地图》详细。1955年春，吴晗推荐我去北京改编修订杨图，我久有此愿，当然欣然应命。

我国历史悠久，幅员广大，地名繁多，沿革复杂。杨守敬根据历史文献，详细考证，分朝代绘成地图，朱墨套印，古今对照，阅读查对，一目了然，对历史地理学的确是一大贡献。

① 摘自《谭其骧自传》，载《中国当代社会科学家》第四辑，书目文献出版社1983年。

但自清末至20世纪50年代，行政区划和地名已发生了很大变化。所以当时的计划只是将杨图中的今地名，改成50年代中期的今地名，同时订正一些杨图明显的错误。

原来打算用不长的时间，在北京完成这项任务。但开始工作后，发现问题并非如此简单。首先杨氏依据的底图是胡林翼的《大清一统舆图》，这在当时虽不失为一种比较精确、实用的地图，但与今天精度较高的地图相比，存在很大的误差，投影方法也完全不同，因此要将杨图上的古今地名轻易填入现在的底图是不可能的。其次，杨图所画的范围只限于历代中原王朝，不包括少数民族建立的边疆政权。而要正确反映我们这样一个多民族国家的历代疆域、政区变化，仅仅出版一部汉族中原王朝的地图集是不适宜的。另外，由于杨图包括上下数千年、数以万计的地名，要一一加以考订修正，其工作量是十分浩繁的。

因此我于1957年年初回到上海，做较长期的规划，进行《中国历史地图集》的编纂工作。开始时有章巽、胡应寿、邹逸麟、王文楚四位同志参加，1958年秋，学校又调拨十名历史系高年级学生参加这项工作。1959年在这个绘图室的基础上建立了历史地理研究室，仍以编图为主要任务。在有关单位的配合协助下，原定计划在1967年可以完成编稿。但1966年“文化大革命”一开始，我作为主编理所当然地被戴上“反动学术权威”的帽子打入牛棚，编图工作就全部陷于停顿。三年之后宣布“一批二用”被解放，恢复了绘图工作，又搞了四五年至1974年，《中国历史地图集》内部本八册始告编成。“文化大革命”不仅大大推迟了图集的诞生，而且给图集的内容留下了很多创伤，有的至今还难以消除。

这部八巨册的地图集，以历史文献资料为主，吸取了迄今已发表的考古研究成果，收录了石器时代的重要文化遗址，以及商周至清代全部可考的县级和县级以上的行政单位，边区不设政区地带的部族分布和其他各种地区名、居民点，还包括主要的河流、湖泊、山脉、运河、长城、关隘和海岸线、岛屿等。除中原王朝外，还包括了各兄弟民族在边疆地区建立的大小政权，每册都编有地名索引。很明显，这已经不是杨图的改编修订，而是一部新编的前所未有的大型历史地图集。

我有幸主持这项工作，看到自己耗费了近三十年心力的成果终于问世，不能不感到安慰和喜悦。但我也深知这绝不是我个人的成就，没有兄弟单位的协作和我们研究所全体同志的努力，要完成这样一项艰巨、浩繁的任务是不可能的，一切为之做出贡献的同志都应该分享这份光荣。

由于长期以来“左”的影响，特别是由于地图集的完成阶段正是十年动乱时期，在已经出版的内部本中不可避免地存在不少不科学、不恰当，甚至完全违背历史事实的内容。片面地强调“古为今用”“为工农兵服务”“为政治斗争服务”，使某些本来不难纠正的错误更加严重。在“大批判”的“群众运动”中，原来的正确体例被废除，原来编绘得相当详密的图幅被删改得面目全非。

从今年初起，我们正在中国社会科学院的领导之下，对这部图集进行一次认真的修订，准备尽快能做到正式出版，公开发行。党的十一届三中全会和六中全会恢复了实事求是的优良传统，清除了“左”的错误，也为我们按照历史事实，实事求是、科学地修订图集创造了良好的条件。但由于时间匆促，只能做局部的改动，正式出版的地图集仍然不可能尽如人意。况且我个人学识有限，历史资料既极庞杂，又留有诸多空白，随着研究的深入和考古的发展，必将有更多的错误会暴露出来。

但我对这套图集的命运是充满信心的。因为随着“左”的流毒的肃清和实事求是精神的贯彻，由于政治原因造成的错误是不难纠正的。而随着学术的昌明繁荣，必然新人辈出，群星灿烂，我们的谬误必然很快会被发现，我们的空白必然很快会被填补。不仅这套图集会越改越好，而且内容更完整、质量更上乘的中国历史地图集的编纂和出版也将是指日可待的。

国家新闻出版广电总局
首届向全国推荐中华优秀传统文化普及图书

‖大家小书书目

经典常谈	朱自清　著
语言与文化	罗常培　著
习坎庸言校正	罗　庸　著　杜志勇　校注
鸭池十讲（增订本）	罗　庸　著　杜志勇　编订
古代汉语常识	王　力　著
国学概论新编	谭正璧　编著
文言尺牍入门	谭正璧　著
日用交谊尺牍	谭正璧　著
敦煌学概论	姜亮夫　著
训诂简论	陆宗达　著
金石丛话	施蛰存　著
常识	周有光　著　叶　芳　编
文言津逮	张中行　著
中国字典史略	刘叶秋　著

古典目录学浅说	来新夏　著
闲谈写对联	白化文　著
怎样使用标点符号（增订本）	苏培成　著
诗境浅说	俞陛云　著
唐五代词境浅说	俞陛云　著
北宋词境浅说	俞陛云　著
南宋词境浅说	俞陛云　著
人间词话新注	王国维　著　滕咸惠　校注
苏辛词说	顾　随　著　陈　均　校
诗论	朱光潜　著
唐诗杂论	闻一多　著
诗词格律概要	王　力　著
唐宋词欣赏	夏承焘　著
槐屋古诗说	俞平伯　著
词学十讲	龙榆生　著
词曲概论	龙榆生　著
中国古典诗歌讲稿	浦江清　著 浦汉明　彭书麟　整理

唐人绝句启蒙	李霁野　著
唐宋词启蒙	李霁野　著
古典文学略述	王季思　著　王兆凯　编
古典戏曲略说	王季思　著　王兆凯　编
唐宋词概说	吴世昌　著
宋词赏析	沈祖棻　著
道教徒的诗人李白及其痛苦	李长之　著
闲坐说诗经	金性尧　著
陶渊明批评	萧望卿　著
舒芜说诗	舒　芜　著
名篇词例选说	叶嘉莹　著
唐诗纵横谈	周勋初　著
楚辞讲座	汤炳正　著
	汤序波　汤文瑞　整理
好诗不厌百回读	袁行霈　著
山水有清音	
——古代山水田园诗鉴要	葛晓音　著

门外文谈	鲁　迅　著
我的杂学	周作人　著　张丽华　编
论雅俗共赏	朱自清　著
文学概论讲义	老　舍　著
中国文学史导论	罗　庸　著　杜志勇　辑校
给少男少女	李霁野　著
鲁迅批判	李长之　著
英美现代诗谈	王佐良　著　董伯韬　编
三国谈心录	金性尧　著
夜阑话韩柳	金性尧　著
英语学习	李赋宁　著
漫谈西方文学	李赋宁　著
历代笔记概述	刘叶秋　著
笔祸史谈丛	黄　裳　著
古典诗文述略	吴小如　著
有琴一张	资中筠　著
鲁迅作品细读	钱理群　著
唐宋八大家 ——古代散文的典范	葛晓音　选译

红楼梦考证	胡　适　著	
《水浒传》与中国社会	萨孟武　著	
《西游记》与中国古代政治	萨孟武　著	
《红楼梦》与中国旧家庭	萨孟武　著	
《金瓶梅》人物	孟　超　著	张光宇　绘
水泊梁山英雄谱	孟　超　著	张光宇　绘
《红楼梦》探源	吴世昌　著	
《西游记》漫话	林　庚　著	
细说红楼	周绍良　著	
红楼小讲	周汝昌　著	周伦玲　整理
曹雪芹的故事	周汝昌　著	周伦玲　整理
古典小说漫稿	吴小如　著	
三生石上旧精魂 ——中国古代小说与宗教	白化文　著	
《金瓶梅》十二讲	宁宗一　著	
古体小说论要	程毅中　著	
近体小说论要	程毅中　著	
文学的阅读	洪子诚　著	
中国戏曲	么书仪　著	

中国史学入门	顾颉刚　著	何启君　整理
秦汉的方士与儒生	顾颉刚　著	
三国史话	吕思勉　著	
史学要论	李大钊　著	
中国近代史	蒋廷黻　著	
民族与古代中国史	傅斯年　著	
五谷史话	万国鼎　著	徐定懿　编
民族文话	郑振铎　著	
史料与史学	翦伯赞　著	
唐代社会概略	黄现璠　著	
清史简述	郑天挺　著	
两汉社会生活概述	谢国桢　著	
中国文化与中国的兵	雷海宗　著	
两宋史纲	张荫麟　著	
明史简述	吴　晗　著	
北宋政治改革家王安石	邓广铭　著	
从紫禁城到故宫 ——营建、艺术、史事	单士元　著	
史学遗产六讲	白寿彝　著	

司马迁之人格与风格	李长之　著
司马迁	季镇淮　著
唐王朝的崛起与兴盛	汪　篯　著
二千年间	胡　绳　著
论三国人物	方诗铭　著
考古发现与中西文化交流	宿　白　著
中国古代国家的历史特征	张传玺　著
艺术、神话与祭祀	张光直　著
	刘　静　乌鲁木加甫　译
中国古代衣食住行	许嘉璐　著
中国古代史学十讲	瞿林东　著
黄宾虹论画	黄宾虹　著
中国绘画史	陈师曾　著
和青年朋友谈书法	沈尹默　著
中国画法研究	吕凤子　著
桥梁史话	茅以升　著
中国戏剧史讲座	周贻白　著
俞平伯说昆曲	俞平伯　著　陈　均　编

新建筑与流派	童　寯　著
论园	童　寯　著
拙匠随笔	梁思成　著　林　洙　编
中国建筑艺术	梁思成　著　林　洙　编
沈从文讲文物	沈从文　著　王　风　编
中国画的艺术	徐悲鸿　著　马小起　编
中国绘画史纲	傅抱石　著
中国舞蹈史话	常任侠　著
海上丝路与文化交流	常任侠　著
世界美术名作二十讲	傅　雷　著
中国画论体系及其批评	李长之　著
金石书画漫谈	启　功　著　赵仁珪　编
吞山怀谷 ——中国山水园林的艺术	汪菊渊　著
中国古代音乐与舞蹈	阴法鲁　著　刘玉才　编
梓翁说园	陈从周　著
旧戏新谈	黄　裳　著
民间年画十五讲	王树村　著　姜彦文　编
民间美术与民俗	王树村　著　姜彦文　编

长城史话	罗哲文　著
中国古园林概说	罗哲文　著
现代建筑奠基人	罗小未　著
世界桥梁趣谈	唐寰澄　著
如何欣赏一座桥	唐寰澄　著
桥梁的故事	唐寰澄　著
园林的意境	周维权　著
万方安和 ——皇家园林的故事	周维权　著
现代建筑的故事	吴焕加　著
中国古代建筑概说	傅熹年　著
国学救亡讲演录	章太炎　著　蒙　木　编
简易哲学纲要	蔡元培　著
大学教育	蔡元培　著 北大元培学院　编
老子、孔子、墨子及其学派	梁启超　著
中国政治思想史	吕思勉　著
天道与人文	竺可桢　著　施爱东　编

春秋战国思想史话	嵇文甫　著
晚明思想史论	嵇文甫　著
新人生论	冯友兰　著
中国哲学与未来世界哲学	冯友兰　著
谈美书简	朱光潜　著
中国古代心理学思想	潘　菽　著
民俗与迷信	江绍原　著　陈泳超　整理
佛教基本知识	周叔迦　著
儒学述要	罗　庸　著　杜志勇　整理
希腊漫话	罗念生　著
佛教常识答问	赵朴初　著
大一统与儒家思想	杨向奎　著
孔子的故事	李长之　著
西洋哲学史	李长之　著
乡土中国	费孝通　著
社会调查自白	费孝通　著
经学常谈	屈守元　著
墨子与墨家	任继愈　著
汉化佛教与佛寺	白化文　著
中西之交	陈乐民　著

出版说明

“大家小书”多是一代大家的经典著作，在还属于手抄的著述年代里，每个字都是经过作者精琢细磨之后所拣选的。为尊重作者写作习惯和遣词风格、尊重语言文字自身发展流变的规律，为读者提供一个可靠的版本，“大家小书”对于已经经典化的作品不进行现代汉语的规范化处理。

提请读者特别注意。

北京出版社